Trauer um Mutter oder Vater

9 heilsame Wege, wie Sie den Tod richtig verarbeiten und nach dem schweren Verlust weitermachen

Doreen Frei

Dieses Werk einschließlich aller Inhalte ist urheberrechtlich geschützt. Alle Rechte und Übersetzungsrechte vorbehalten. Nachdruck oder Reproduktion (auch auszugsweise) in irgendeiner Form, sowie die Einspeicherung, Verarbeitung, Vervielfältigung und Verbreitung mit Hilfe elektronischer Systeme jeglicher Art, gesamt oder auszugsweise, ist ohne ausdrückliche schriftliche Genehmigung des Verlages untersagt. Alle Namen und Personen sind frei erfunden und Zusammenhänge mit real existierenden Personen sind rein zufällig. Alle Inhalte wurden unter größter Sorgfalt erarbeitet. Der Verlag und der Autor übernehmen jedoch keine Gewähr für die Aktualität, Korrektheit, Vollständigkeit und Qualität der bereitgestellten Informationen. Druckfehler und Falschinformationen können nicht vollständig ausgeschlossen werden.

Inhaltsverzeichnis

Einleitung 1

Die Vorbereitung auf den Abschied 5
    Den Verstorbenen und sich selbst einen großen
    Gefallen erweisen 5
    Der Anblick eines toten Menschen 7
    Individualität in Beerdigung und Grabgestaltung 8
    Zusammenfassung: Die Gelegenheit zum Abschied
    wahrnehmen! 10

Der Verlust 11
    Begräbnis und Trauerbekundungen sind vorbei –
    was nun? 11
    Gefühle und deren Bedeutung 15
    „Erste Hilfe" für nach dem Trauerfall 23
    Zusammenfassung: Die Erinnerungen
    hegen und pflegen! 27

Was ist Trauer? 29
    Über das Fehlen geliebter Menschen 29
    Phasen der Trauer 35
    Symptome der Trauer 42
    Lösungen für verschiedene Gefühlszustände 48
    Zusammenfassung: Der Weg führt über eine
    Akzeptanz der Trauer! 53

Neun Wege zur Trauerüberwindung 55
   1. Schritt: Fotografien und Videos 56
   2. Schritt: Erinnerungsfeiern 60
   3. Schritt: Aufarbeitung 65
   4. Schritt: Abstand 69
   5. Schritt: Rituale 72
   6. Schritt: Symbolik 76
   7. Schritt: Wandel 80
   8. Schritt: Lehrreiche Geschichten 83
   9. Schritt: NLP 95
   Zusammenfassung: Flexibilität als Schlüsselgröße 99

Das neue Leben dankbar wahrnehmen 101
   Keinen Platz der Angst! 101
   Wie gestalte ich meinen weiteren Lebensweg? 103
   Nehmen Sie sich Zeit – zum Denken, zum Handeln – und
   tun Sie alles mit positiver Einstellung! 105
   Der Tod – Durch einfache Worte entzaubert 107
   Zusammenfassung: Leben Sie ein Leben mit neuen
   Bestimmungen und Erfahrungswerten! 110

Schlusswort 113

Quellen 117

Einleitung

Dieser Ratgeber möchte Ihnen eine Hilfe auf einem der schwersten Wege sein, den wir Menschen zu begehen haben: Dem Abschied von den eigenen Eltern. Es kursieren viele ermutigende Zitate und Werke rund um das Thema *Tod und Trauerverarbeitung*. Da es kein Patentrezept für die Trauer um einen Menschen gibt, hängt es von Ihrer individuellen Situation ab, ob Ihnen das jeweilige Buch mit seinem Inhalt hilft. Dieses Buch wählt als zentrales Element die **Erinnerung**, damit Sie einen Weg aus der Trauer zu einem Leben mit Ihren Eltern im Herzen finden.

> **Hinweis!**
> An dieser Stelle sei darauf hingewiesen, dass der Begriff „Eltern" bewusst in der Mehrzahl gewählt wird und sowohl für „Mutter" als auch „Vater" stehen kann. Da die separate Nennung beider Elternteile den Lesefluss stören würde und das neutrale Wort „Elternteil" zu reduzierend erscheint, wird von dem Plural Gebrauch gemacht.

Am Anfang des Trauerprozesses sind Erinnerungen die schmerzhafteste Komponente. Die Erinnerungen – all das gemeinsame Lachen, Reden, Handeln – verdeutlichen Ihnen, welch einen Verlust Sie durch den Tod Ihrer Eltern überhaupt erlitten haben. Aus diesem Grund verdrängen Personen die Trauer und Emotionen. Sie sagen, sie müssten stark sein und „funktionieren"; für die Arbeit, für die Familie, für so viele andere Dinge. Doch das ist das Problem: Wir Menschen sind nicht immer stark. Auch müssen wir nicht immer funktionieren. Wir sind auch gar nicht in der Lage dazu. Das, was uns auszeichnet, ist unsere Menschlichkeit, wozu die Trauer mit all ihren Emotionen gehört – und den wundervollen Erinnerungen, die Ihnen nichts und niemand nehmen wird!

Doch es geht um mehr als nur die eigenen Erinnerungen, schließlich zeigt der Verlust eines Menschen durch den Zusammenschluss der Menschen, die um ihn trauern, dass wir weit mehr als ein einzelnes Rad im Wind der Zeit sind. Es geht um das Kollektiv, also um das Zusammensein mit anderen Menschen. Ein solches Kollektiv, wie Sie es mit Ihren Eltern waren, können Sie sich im Herzen bewahren, indem Sie mit anderen Menschen gemeinsam Ihrer Eltern gedenken. Die Zeit heilt *nicht* alle Wunden. Sie verbirgt die Wunden bestenfalls, während sie im Unterbewusstsein in Ihnen schlummern und leichte Nadelstiche setzen, die im Laufe der Jahre und Jahrzehnte immer stärker werden. Was die Wunden heilt, ist das Reden, das Mitteilen, das Gedenken sowie das Weiterleben, um durch Ihre Taten die Ideale, Leidenschaften und Glaubenssätze Ihrer Eltern weiter fortzuführen – und die Eltern dadurch in sich weiterleben zu lassen. Wenn Sie dies regelmäßig tun, dann werden all die Personen, mit denen Sie sprechen, ebenfalls Ihrer Eltern gedenken und die Fußabdrücke Ihrer Eltern werden breit über die Erde verteilt werden. Und jedes Mal, wenn Sie diese Fußabdrücke im Alltag bemerken, werden Sie sich nicht denken „Meine Eltern *wären* stolz auf mich.", sondern „Meine Eltern **sind** stolz auf mich."

Begeben Sie sich daher mit diesem Ratgeber auf eine Reise durch die Welt der Erinnerungen, in der zahlreiche Schätze für Sie schlummern und nur darauf warten, geöffnet zu werden – mal mit einem Lachen, mal mit einem Weinen, doch immer mit dem Bewusstsein, dass Sie das Richtige tun, um Schritt für Schritt die Trauer zu überwinden und ein derart glückliches Leben zu führen, wie Ihre Eltern es sich für Sie gewünscht hätten. Bei dieser Reise entscheiden Sie, was Sie machen und in welchem Tempo Sie vorgehen. Allerdings werden Sie schnell merken, dass es hier nicht nur um Sie geht. Dieser Ratgeber betrifft Ihr gesamtes Umfeld und das Leben an sich. Es animiert dazu, Blickwinkel zu ändern, neue Perspektiven zu erschließen und über den eigenen Schatten zu springen. Was von diesen Dingen Sie tun, liegt ganz bei Ihnen. Aber gehen Sie unvoreingenommen in diesen Ratgeber hinein, der Ihnen im ersten kurzen Kapitel einige Ratschläge gibt, wie Sie sich von Ihren Eltern verabschieden können, falls die Beerdigung noch aussteht. Die Folgekapitel stehen ganz im Zeichen des langfristigen Trauerprozesses nach der Beerdigung. Hier erfahren Sie, dass all die Emotionen, die Sie fühlen, völlig normal sind und zum Verlust eines Menschen dazugehören. Sie sind bei allen Menschen vorhanden, nur in individuellen Ausprägungen und mit einer individuellen Dauer.

Damit dieser Ratgeber Ihnen eine möglichst einfache Hilfe in schweren Zeiten ist, enthält er Boxen, die bestimmten Zwecken dienen und Wichtiges hervorheben:

- ❖ Die Box *Aus dem Leben anderer ...* teilt mit Ihnen, reale Lebensgeschichten von Menschen, die ebenfalls trauerten und Lösungen fanden, mit der Trauer umzugehen.
- ❖ Die Box *Hinweis!* unterstreicht die wichtigsten Aspekte eines Themas, damit Sie die Informationen richtig auffassen und die größte Kraft aus dem Gesamtkontext schöpfen.
- ❖ Die Box *Übung!* liefert Ihnen konkrete und praktisch umsetzbare Methoden, um sich gewisser Erkenntnisse bewusst zu werden und die Trauer zu verarbeiten.

Es sei ein letztes Mal betont, dass Sie entscheiden, inwieweit Sie sich mit den Inhalten dieses Buches auseinandersetzen. Fassen Sie Ratschläge als Hilfestellungen auf, aber finden Sie Ihre eigenen Zugangswege. Ist Ihnen eine Methode nicht lieb, dann überspringen Sie diese vorerst und lesen Sie einige Tage, Wochen oder Monate später in diese Methode hinein. Denn mit der Trauer verhält es sich so: Sie ist komplett unberechenbar und von Minute zu Minute wandelbar.

Dieses Buch liefert Anreize, damit Sie Ihren Weg finden, die Erinnerungen in Ihr Herz zu schließen und ein erfülltes Leben zu führen. Nicht mehr, aber auch nicht weniger, gedenkt dieses Buch zu tun. Mögen Sie Ihren Weg in den folgenden Kapiteln finden.

Die Vorbereitung auf den Abschied

Dieses Kapitel ist für Leser hilfreich, die die Beerdigung und deren Organisation noch vor sich haben. Es liefert keine Ratschläge zur Begleitung der sterbenden Person, sondern setzt im Beerdigungsinstitut an, wenn es darum geht, die bereits verstorbene Person zu besuchen. Ein Besuch und der Anblick eines Leichnams bereiten insbesondere Personen, die noch nie einen leblosen Körper gesehen haben, Angst. Dieses Kapitel bemüht sich, zu einem Besuch des Verstorbenen zu ermutigen, und gibt Ratschläge, wie vielfältig ein Abschied von Verstorbenen ausfallen kann. Im Nachhinein sind meist alle Betroffenen dankbar dafür, die Gelegenheit auf ein letztes Wiedersehen mit der toten Person wahrgenommen zu haben. Im Hinblick auf die Trauerverarbeitung ist es keine notwendige, aber eine äußerst hilfreiche Komponente.

Den Verstorbenen und sich selbst einen großen Gefallen erweisen

Viele Lebensgeschichten erzählen von Personen, die sich selbst liebevoll um den Leichnam im Beerdigungsinstitut kümmerten und auf die Bestattung der jeweiligen Person vorbereiteten. Solche authentischen Lebensgeschichten werden den Lesern allem voran in den Werken *Nimm den Tod persönlich* (Roth & Schwikart, 2009) und *Das letzte Hemd hat viele Farben* (Bode & Roth, 2018) nahegebracht. Sie werden im weiteren Verlauf dieses Buches an passender Stelle einige ausgewählte Lebensgeschichten in Kürze geschildert bekommen.

Beide Bücher und die darin enthaltenen Berichte aus dem Leben haben gemeinsam, dass im Nachhinein jede der Personen dafür dankbar war, wenn sie die Gelegenheit zur Vorbereitung des Leichnams bekommen und wahrgenommen hatte

> **Aus dem Leben anderer ...**
>
> Genau diesen kalten und leblosen Körper mussten Daniel und Katrin Lambert ertragen, als ihr Sohn Paul im Alter von drei Monaten an *Plötzlichem Kindstod* starb. Sie waren untröstlich und zunächst außerstande, das Geschehene zu begreifen. Doch die amtlichen Angelegenheiten führten dazu, dass sie keine Wahl hatten, als sich der Vorbereitung der Bestattung und der Trauerfeier zuzuwenden. Die Trauer in sich, folgten Telefonate, Behördengänge und Ungewissheiten, da der Körper des Sohnes bei der Kriminalpolizei mehrere Tage verweilte und keine Rückmeldung erfolgte. Nachdem der Körper verfügbar war, waren die Eltern zunächst überfordert, doch sie entschieden sich, einen für einige mutigen und anrührenden, für andere möglicherweise verstörenden Weg zu gehen: Sie bereiten den Leichnam ihres Sohnes komplett eigenständig für die Beerdigung vor – vom ersten Blick auf den wachsweißen Körper, der beide schockierte, bis hin zu einem bewegenden Programm, welches ihren kleinen Paul mit allem Erdenklichen für den Übergang ins Himmelreich ausstattete! Die Mutter verpackte ihn in eine selbstgestrickte und warme Kleidung, der Vater stattete den Sarg mit selbst gezupfter Wolle aus und die dreijährige Schwester von Paul war ebenfalls dabei; sie schrieb ihm einen Brief. Rückblickend betrachten die Eltern die Maßnahme, sich um Paul gekümmert zu haben, als die einzig richtige. Es gab ihnen die Gelegenheit, gemeinsam zurückzublicken auf das, was Paul der Familie an Glück beschert hatte; seit der Schwangerschaft bis zum Ende seines dreimonatigen Lebens. Sie blicken lächelnd darauf zurück, wie sie ihn an jenem Tag komplett auf die Beerdigung vorbereitet hatten. Hingebungsvoll und liebevoll hatten sie alles gemacht, was getan werden konnte, um sich von ihrem Sohn zu verabschieden.

Ebenso gibt es weitere Geschichten, wie die von Jutta Maiberg, die Sie in den Folgekapiteln kennenlernen werden. Sie hatte den Leichnam ihres Mannes vorbereitet und gewaschen. Als der Zeitpunkt der Beerdigung gekommen war, hatte sie nach eigener Aussage als einzige unter sämtlichen Personen keine Angst, weil sie ihren Abschied bereits vollzogen hatte.

Diese Geschichten sind ein Appell, sofern die Möglichkeit gegeben ist, die Chance zum Abschied bereits vor der Beerdigung wahrzunehmen. Auch wenn dies am Anfang des Trauerprozesses unmöglich erscheint, hilft diese Maßnahme bei der Akzeptanz des Todes eines geliebten Menschen. Es besteht kein Zwang dazu, Sie werden auch auf anderem Wege der verstorbenen Person alle Ehre und Liebe erweisen können. Doch es ist ein unvergleichliches Geschenk, die Gelegenheit zu bekommen, sich auf diesem Wege zu verabschieden.

Der Anblick eines toten Menschen

Der Anblick eines toten Menschen wird von jeder Person individuell wahrgenommen. Jedoch ist beim ersten Mal meistens Angst vorhanden. Es ist die Angst vor dem Ungewissen. Diese Angst verfliegt in der Regel mit dem ersten Anblick des Toten aus der Ferne, sobald der Raum betreten wird. Stattdessen breitet sich eine gewisse Zaghaftigkeit aus, sich zu nähern. Die Zaghaftigkeit ist dem ungewohnten Anblick der Person geschuldet. Der leblose Anblick löst allmählich in den Trauernden etwas aus, was sich schwer in Worte fassen lässt: Unumwunden tritt eine Nachdenklichkeit ein, die bei jeder Person andere Ausprägungen annimmt. Während die einen nach wie vor ungläubig sind, sehen die anderen die leblose Hülle vor sich liegen, die zeigt, dass der Tod eingetreten und unwiderruflich ist – letzteres ist ein wichtiger Beitrag, der den Trauerprozess, der nach der Beerdigung fortdauern wird, wirkungsstark unterstützt. In jedem Fall wird bei einer längeren Auseinandersetzung mit dem Leichnam eines nicht zu leugnen sein: Die Ruhe, die die Person ausstrahlt.

Auf diesen ruhigen Anblick werden Sie im Rahmen Ihres Trauerprozesses noch zurückkommen. In den vielen

Emotionen, die sich untermischen werden, wird Sie das Bild der verstorbenen Person begleiten. Es wird Sie aber nicht als Belastung begleiten, sondern als ein Beweis dafür, dass die Person ihren Frieden gefunden hat. Mehr soll an dieser Stelle nicht gesagt werden, da es dafür noch zu früh ist und es dem Trauerprozess vorausgreifen würde.

Einzig und allein folgende Gewissheit ist aus den letzten Abschnitten hervorzuheben: Tote Menschen strahlen eine Ruhe aus, die Sie kurzfristig und daraufhin auch längerfristig im gesamten Trauerprozess dabei unterstützt, den Tod zu akzeptieren. Bereits der bloße Anblick des Leichnams ist eine Komponente des Abschieds von der Person, die Sie im Nachhinein Ihr ganzes Leben lang nicht bereuen werden.

Individualität in Beerdigung und Grabgestaltung

Jeder Mensch ist einzigartig. Ebenso, wie sich dies im Leben ausdrückte, kann es sich in der Ausrichtung der Beerdigung samt Trauerfeier und der Grabgestaltung äußern. Die Individualität des Menschen sollte sich sogar in diesen Komponenten äußern! So wird ein Andenken geschaffen, welches an den Menschen erinnert und diesem gefallen hätte.

Während Standardgrabsteine und mittlerweile sogar anonyme Beerdigungen häufig Anwendung finden, existieren mit personenbezogenen Grabsteinen und einer nichtanonymen Beerdigung zwei Maßnahmen, um der Person im Verlaufe der Jahre und Jahrzehnte angemessen zu gedenken. Das Problem bei einer anonymen Beerdigung ist, dass keine fest definierte Gedenkstätte vorhanden ist. Die meisten Angehörigen bereuen die Entscheidung für eine solche Beerdigung im Nachhinein. Sie beantragen häufig eine Exhumierung, um zu erfahren, wo Sie hingehen können, wenn Sie mit dem Verstorbenen sprechen möchten. Zwar ist der Beerdigungsort nicht die Stelle, an der der Verstorbene verweilt, da dort nur der Körper liegt. Doch der Ort der Beerdigung fungiert als eine zentrale Begegnungsstätte, die auch in 20, 30 und mehr Jahren noch für Sie und/oder weitere Angehörige wichtig sein wird. Deswegen ist es wichtig, zu wissen, wo die verstorbene Person begraben liegt. Ein personenbezogenes Grabmal sorgt dafür, dass sich in der Grabgestaltung widerspiegelt, wer die verstorbene Person war. Es hat etwas Befriedigendes, den Grabstein so gestalten zu lassen, dass sich darin bestimmte charakterliche Eigenschaften oder andere Merkmale der verstorbenen Person widerspiegeln. So können Sie stolz darauf blicken, dass die Ideale, Erfolge oder andere wichtige Dinge dieser Person über den Tod hinaus bestehen bleiben. Auch Außenstehenden und anderen Friedhofsbesuchern fällt auf diesem Wege auf, was für ein Leben die Person geführt hatte.

Ebenso wichtig wie der Ort und die Gestaltung des Grabes ist die Beerdigung mit der Trauerfeier an sich. Es existieren Spielräume dazwischen, die Beerdigung entweder bescheiden durchzuführen oder einen großen Anlass daraus zu machen, z. B. mit musikalischer Live-Begleitung auf dem Piano. Es verschafft den Trauernden im Nachhinein die größte Erleichterung, wenn die Beerdigung nach den Maßstäben des Verstorbenen ausgerichtet wird:

- ❖ Mochte es die Person pompös oder war sie eher bescheiden? Im ersten Fall ist ein großer Anlass samt Live-Musik angebracht, im letzten Fall eher eine schlichte Feier mit dafür umso stärker bewegenden Reden der Anwesenden.
- ❖ War die Person eine Frohnatur oder stets ernsthaft? Im ersten Fall empfiehlt sich eine Feier mit positiver Untermalung, die sogar entgegen der Konvention farbenfroh sein darf, im letzten Fall eine traditionelle Trauerfeier.
- ❖ Ist die Person gern gereist und hat einige Orte noch nicht besucht? Dann bietet sich eine Reise mit der Asche der Person im Gepäck an, die an verschiedenen Reiseorten verstreut wird.

Die eigene finanzielle Situation und die persönliche Belastbarkeit grenzen den Rahmen der Möglichkeiten ein oder schaffen Freiräume. Was zur persönlichen Belastbarkeit zu konstatieren ist, ist die Tatsache, dass – sobald erst begonnen wurde – die Organisierung einer Beerdigung und die Planung einer Grabgestaltung, die sich beide komplett nach dem Willen des Verstorbenen richten, auf lange Sicht den Umgang mit der Trauer vereinfachen werden. Sogar kleinste Maßnahmen sind Balsam für die eigene Seele und heilen Wunden, die die Trauer reißt.

Zusammenfassung: Die Gelegenheit zum Abschied wahrnehmen!

Wer den Leichnam eines verstorbenen Menschen sieht, wird nachdenklich. In diese Nachdenklichkeit schleichen sich diverse Emotionen ein, die je nach Person unterschiedlich ausfallen. Mag es in dem Moment des Besuchs und auch Tage bis Wochen danach noch belastend sein, die geliebte Person so zu sehen, so werden Sie auf lange Sicht zufrieden sein, die Chance zum Abschied wahrgenommen zu haben. Was dem Trauerprozess vorausgreift und die Kontrolle über die eigenen Emotionen optimiert, ist die persönliche Vorbereitung der Beerdigung, wozu der Leichnam und die Grabgestaltung gehören. Sie haben die Chance, sich einen Tag intensiv der Person zu widmen, die Sie so sehr geliebt haben und den Leichnam gemeinsam mit anderen Nahestehenden oder allein zu waschen, ihn einzukleiden und aus dem kalten einen wärmeren sowie friedvolleren Körper zu machen. Dies ist eine Erfahrung, die viele Menschen bereits machen durften: Anfangs noch voller Angst, vor Ort geschockt vom Anblick der Person und überfordert durch die eigenen Emotionen, haben sie den Tag eindrucksvoll gemeistert und im Laufe des Tages immer mehr den Frieden gefunden mit dem, was geschehen war. Mit einem personenbezogenen Grabmal gelingt es Ihnen, über mehrere Jahrzehnte ein zu der verstorbenen Person und deren Leben passendes Denkmal zu schaffen. Letzten Endes entscheiden Sie, wie weit Sie gehen. Die Wege, dem Verstorbenen eine Ehre zu erweisen und die Trauer zu verarbeiten, reichen weit. Sie fangen idealerweise mit einem persönlichen Abschied an, so, wie er in diesem Kapitel beschrieben wurde.

Der Verlust

Nach dem Tod der Eltern ist kaum Zeit gegeben, um sich mit der Trauer sowie deren Verarbeitung auseinanderzusetzen. Die amtlichen Angelegenheiten und die gesamte Organisation der Trauerfeier samt Begräbnis halten auf Trab und sorgen in einer Zeit der emotionalen Verwirrung für viel Stress. Nach der Trauerfeier ist plötzlich alles vorbei. Es wird einem klar, dass der Tod geschehen und unveränderbar ist. Nach der Trauerfeier kommt diese Erkenntnis so plötzlich, dass man es umso weniger wahrhaben will. Sie erfahren in diesem Kapitel, welche Umgangsweisen es in dieser schwierigen Situation gibt. Ein wichtiger Aspekt, der sich durch das gesamte Kapitel zieht, ist die Auszeit nach der Trauerfeier. Sie dient der Verarbeitung der Emotionen und bringt Sie Ihren Eltern nahe – dauerhaft! Mit den Erkenntnissen dieses Kapitels werden Sie die Basis dafür legen, sich an Ihre Eltern zu erinnern und sie auf verschiedene Weise weiterleben zu lassen.

Begräbnis und Trauerbekundungen sind vorbei – was nun?

Das Begräbnis und die Trauerbekundungen dienen der letzten Ehre der Verstorbenen und dem Abschiednehmen. Trauernde fassen diesen Hergang bis nach der Trauerfeier als belastend auf: Organisation des Begräbnisses, Beauftragung des Steinmetzes für die Herstellung eines Grabmals samt Gravuren, Einladung der Angehörigen, Regelung der amtlichen

Angelegenheiten und dann das Abschiednehmen an sich – all dies ist ein anstrengender Weg, den zu begehen viel Stärke erfordert. Deswegen haben Sie sich nach der Trauerfeier allem voran eines verdient: Durchatmen und Abstand nehmen.

Abstand nehmen und Gedanken sortieren

Sobald die Trauerfeier vorbei ist und alle Gäste verabschiedet wurden, gehen Sie Ihrer Wege. Der Tag wird noch jung sein und Sie selbst mit den Gedanken überall, nur nicht im Alltag. Dies wird in den nächsten Tagen verstärkt weiterhin der Fall sein. Sie werden weder bei der Arbeit noch bei Haushaltstätigkeiten, im Verkehr oder an anderer Stelle komplett bei der Sache sein. An diesem Punkt scheiden sich die Geister: Die einen sagen, es sei optimal, sich eine Auszeit zu nehmen, um die Gedanken zu sortieren, während die anderen behaupten, es müsse dem gewöhnlichen Alltag gefolgt werden, um die Normalität aufrechtzuerhalten.

Ist man ehrlich, fällt schnell auf: Es ist nichts normal! Durch den Tod eines geliebten Menschen verliert der Tagesablauf jedweden Anflug von Normalität. Exakt aus diesem Grund ist es wichtig, sich einige Tage bis hin zu zwei Wochen Zeit zu nehmen, um sich mit der Trauer auseinanderzusetzen. Essenziell ist, sich diese Auszeit richtig zu nehmen.

Zum Abstand gehört nicht dazu, sich von der Außenwelt abzukapseln und die Trauer auf destruktive Art und Weise zu verarbeiten. Destruktivität äußert sich in …

- ❖ … der Einnahme von Medikamenten
- ❖ … einem geringen Aktivitätslevel
- ❖ … dem Verdrängen der Trauer
- ❖ … dem übermäßigen Konsum ungesunder Lebensmittel

Personen kommen, wenn sie allein in einem stillen Kämmerlein sitzen, auf schlechte Gedanken und driften davon ab, Lösungen für die eigene Situation zu erarbeiten. Aus diesem Grund hat es eine große Bedeutung, beim Abstandnehmen den gewöhnlichen Alltag abzuändern und nach Möglichkeit die Arbeit zu meiden, aber dennoch nach draußen zu gehen und mit Menschen zu sprechen.

> **Hinweis!**
> Insbesondere Personen, die in ihren Berufen eine hohe Verantwortung haben, laufen Gefahr, in Zeiten der Trauer durch Unaufmerksamkeiten Fehler zu begehen, die ihnen normalerweise nicht unterlaufen würden. Auch das Maß an Aufmerksamkeit im Straßenverkehr sinkt. Dementsprechend sind einige Tage bis zwei Wochen nach der Trauerfeier sämtliche Aktivitäten zu meiden, in denen viel Aufmerksamkeit und Verantwortungsbewusstsein gefordert sind. Lassen sich diese Dinge nicht vermeiden, so ist eine Reduktion des Engagements in den genannten Bereichen anzustreben.

In der Zeit des Abschaltens sollte der Fokus auf alternativen Aktivitäten liegen. Gehen Sie des Öfteren spazieren. Laden Sie Familienangehörige und Freunde ein, um sich auszutauschen (mehr dazu im nächsten Unterkapitel). Verwöhnen Sie Ihren Körper, da dies den Geist beeinflusst, auf verschiedenen Ebenen, wie z. B. warme Tees, Massagen, Kurbäder in der Badewanne u. Ä.

Es handelt sich hier um einzelne, einfache Maßnahmen, die hilfreich sind, aber nicht zur Trauerüberwindung führen. Dies dürfen Sie an dieser Stelle nicht erwarten. Der Spaziergang am Mittag und der Tee am Abend sorgen allein nicht dafür, dass Sie die Trauer spürbar überwinden. Aber diese Maßnahmen schaffen gute Bedingungen dafür, indem sie eine Basis legen; eine Basis der Bewusstmachung und des konstruktiven Umgangs. Wenn Sie z. B. regelmäßig an der frischen Luft spazieren oder in Ihrem Garten arbeiten, praktizieren Sie Aktivitäten, in denen die Gedanken an Ihre Eltern Sie überkommen dürfen. Während Sie bei der Arbeit die Gedanken verdrängen und sich konzentrieren müssten, haben Sie beim Abstandnehmen die Zeit dafür, alle möglichen Gefühle und Gedankengänge wahrzunehmen.

Gibt es einen Knigge, der mir vorschreibt, wie ich mich kleiden und verhalten muss?

Mit der Trauerfeier ist die Aufmerksamkeit anderer Personen für Sie nicht vorbei. Es ist von vielen Seiten mit mehr Verständnis, Fürsorge und Rücksichtnahme für Ihre Situation zu rechnen. Das Gros der Trauernden fasst das Ausmaß an Aufmerksamkeit als zu ausgeprägt auf. Es wird gar als belastend eingestuft, wenn jede Person meint, nach dem Befinden fragen zu müssen, und nochmals ihr Beileid ausspricht. Ist dies auch bei Ihnen der Fall, haben Sie vollstes Verständnis. Der Ratschlag, dass Sie sich vom gewöhnlichen Alltag eine gewisse Zeit Abstand nehmen, wird dazu beitragen, dass sich die Beileidsbekundungen in Grenzen halten. Denn Sie allein entscheiden in der Auszeit, die Sie sich nehmen, mit wem Sie sich treffen und wo es Sie bei Ihren Spaziergängen hin verschlägt; kein vorprogrammiertes Aufeinandertreffen mit Personen in Vereinen, bei der Arbeit oder an anderen üblichen Treffpunkten.

Nichtsdestotrotz kann es sich ereignen, dass Sie in der Nachbarschaft oder durch Zufall doch eine Person treffen. Darüber hinaus verabreden Sie sich in Ihrer Auszeit mit einigen Verwandten und Freunden. Angesichts dieser Umstände stellt sich die Frage: *Muss ich eine bestimmte Kleidung tragen und gibt es Vorschriften zur Verhaltensweise?*

Eine Antwort hängt von der Kultur und Ihrem genauen Lebensmittelpunkt ab. Gehen wir von der klassischen mitteleuropäischen Stadt aus, die weitestgehend globalisiert und digitalisiert ist, so existieren keinerlei Vorschriften. Dies betrifft sowohl die Kleidung als auch die Verhaltensweisen. Personen, die trauern, kämen ohnehin nicht auf Ideen, ein Verhalten zu praktizieren, welches von der Öffentlichkeit als fragwürdig aufgefasst werden könnte.

> **Aus dem Leben anderer ...**
> In dörflichen Regionen Osteuropas und in traditionell geprägten Regionen Südeuropas allerdings finden sich zum Beispiel nach wie vor Bräuche, nach denen Personen in einem fest definierten Zeitraum nach der Trauerfeier eine bestimmte Kleidung tragen; zumeist handelt es sich um komplett schwarze Kleidung. Vereinzelt unterwerfen sich Personen freiwillig den Bräuchen ihrer Kultur, auch wenn es mittlerweile untypisch ist.

Sie haben es also umso einfacher, sofern Sie eine Auszeit nach der Trauerfeier integrieren, da Sie auf keine starren Kleidungs- und Verhaltungsvorschriften Rücksicht nehmen müssen. Somit sind Sie frei, sich nach Lust und Laune zu kleiden, Aktivitäten zum Zeitvertreib nachzugehen, bei denen Sie zugleich Raum zum Nachdenken haben, und unbefangen mit Ihren Angehörigen sowie Freunden über Ihre Gefühle zu reden. Exakt hierin ist zugleich der wichtigste Aspekt der Trauerverarbeitung gegeben: Der Austausch über die Gefühle.

Gefühle und deren Bedeutung

Trauer ist der Überbegriff, um den sich dieses Buch dreht. Doch Trauer ist derartig vielschichtig, dass sie sich kaum als nur ein Gefühl beschreiben lässt. Wut, Liebe, Verzweiflung, Schuldgefühle – dies ist nur ein Auszug der Emotionen, durch die sich die Trauer nach außen bemerkbar machen kann. Im nächsten Kapitel dieses Buches wird die Trauer im Detail betrachtet, aber zuvor soll der Grundstein für den richtigen Umgang mit der Trauer gelegt werden. Der richtige Umgang mit Trauer liegt in dem Wort verborgen, welches die Trauer überhaupt erst verursacht: Erinnerung. Würden Sie sich nicht an Ihre Eltern erinnern, würden Sie nicht trauern. Doch dies ist keine Lösung, sondern eine Denkweise, die dazu führt, dass sich die Trauer in vielen Personen anstaut. Es ist von unschätzbarem Wert, Erinnerungen zu fördern und dadurch die Nähe zu den Eltern aufrechtzuerhalten.

Ein einzigartiger Bund fürs Leben

Die Verbundenheit zwischen Eltern und Kindern ist die pure Faszination: Selbst, wenn sie sich auseinanderleben, bleibt im Geiste eine enorme Verbundenheit. Es wird zurückgedacht an den jeweils anderen; auch wenn diese Person weit weg ist oder man sich seit Jahren nicht gesehen hat. Besonders faszinierend sind diese geistigen Bande zwischen Eltern und Kindern, die sich nie kennengelernt haben: Wie häufig ereignet es sich, dass Kinder, die wissen, dass sie adoptiert wurden, ihre leiblichen Eltern kennenlernen möchten? Sehr häufig! Und wie häufig geschieht es, dass Eltern ihrem gemeinsamen totgeborenen Baby nachtrauern? Nahezu immer!

Die Bande zwischen Kindern und Eltern gehen somit über Landesgrenzen, Entfernungen und sogar gegenseitige Unbekanntheit hinaus. Dies führt zur ersten großen Erkenntnis dieses Ratgebers für Sie: Egal, was kommen mag – nichts wird Ihnen die Verbundenheit zu Ihren Eltern nehmen! Dies schließt den Tod mit ein. Unabhängig von dem Weg, den Sie von nun an einschlagen, werden Ihre Eltern immer bei Ihnen sein. Es handelt sich zwar um eine andere Art der Nähe, doch sie wird da und intensiv sein, sofern Sie sich dem nicht verschließen. Verdrängen Sie den Tod Ihrer Eltern, dann verdrängen Sie unermesslich viele großartige Lebensabschnitte, die Sie mit Ihren Eltern teilen durften.

> **Übung!**
> Lesen Sie sich die folgenden Szenarien durch und versuchen Sie, sich zurückzuerinnern:
>
> ➢ Sind die Erinnerungen an mehrere der rauschenden Weihnachtsfeiern und Geburtstagsfeiern mit Ihren Eltern präsent? Was haben Sie dabei mit Ihren Eltern erlebt, von ihnen gelernt und worüber wurde gelacht?

> - Erinnern Sie sich an das ein oder andere Ratespiel, Brettspiel und die erste sportliche Betätigung? Möglicherweise fallen Ihnen das Radfahren, Schwimmen oder andere Aktivitäten unter Anleitung der Eltern ein. Wie war es?
> - Haben Sie noch vor Augen, wie Sie Ihre Eltern erstmals bei Haushaltsarbeiten, wie z. B. beim Kochen, unterstützt haben? Was waren die beeindruckendsten Gemeinsamkeiten, die größten Lacher und die wichtigsten Lehren im Zuge dieser Arbeiten mit Ihren Eltern?
> - Sind Sie imstande, sich an den Gang zum Traualtar zu erinnern? Oder ist es eher der Schulabschluss, den Sie noch lebhaft vor Augen haben?

Diese Erinnerungen werden anfangs noch schmerzen. Aus diesem Grund verdrängen viele Personen die Trauer. Zugleich wird unter Umständen länger als zuvor gearbeitet, es werden zusätzliche Aufgaben gesucht oder es wird sogar zu Medikamenten gegriffen. Verdrängung ist per se nichts Schlimmes: Aufgrund des Ausmaßes der Trauer ist sogar angeraten, sich zusätzliche Beschäftigungen und Aufgaben zu suchen. Bei alledem ist jedoch wichtig, zum einen die eigene Gesundheit im Auge zu behalten und zum anderen schrittweise die Konfrontation mit der Trauer zu suchen. Die Gesundheit im Auge zu behalten, bedeutet, keine Medikamente zur Trauerbekämpfung zu sich zu nehmen, die nicht vom Arzt oder Psychologen verschrieben worden sind. Darüber hinaus ist es wichtig, die Trauer nicht exzessiv zu verdrängen, indem der Körper durch ein Übermaß an Arbeit oder anderen Maßnahmen zur Ablenkung überstrapaziert wird. Lassen Sie sich – eventueller Verdrängung zum Trotz – anfangs zumindest eine komplett freie Stunde am Tag, in der Sie sich mit Ihrer Trauer gezielt auseinandersetzen. Unabhängig davon, wie sehr es schmerzt, wird es Ihnen mit der Zeit helfen, das Geschehene zu akzeptieren. Aber vor allem bewahren Sie sich durch diese Vorgehensweise eines: Erinnerungen!

Erinnerungen, Erinnerungen, Erinnerungen ...

Im Verhältnis zu dem, was Sie zu Lebzeiten Ihrer Eltern hatten, wirken Erinnerungen so winzig: Sie konnten die Eltern anfassen, mit ihnen reden, nach Rat fragen und auf Unterstützung in jedweder Form in schwierigen Zeiten hoffen. Und nun bleiben Erinnerungen übrig. Dies erscheint verhältnismäßig winzig, hat bei näherer Betrachtung jedoch einen unermesslich hohen Wert!

Erinnerungen definieren Ihre Persönlichkeit. Die Eltern haben sich eine Mission genau vor Augen gerufen: Seitdem Sie zur Welt kamen, galt alles Ihrem Besten. Zweifelsohne ist kein Mensch perfekt und Eltern können zu emotional oder fürsorglich sein. Dies bedeutet, dass möglicherweise nicht jede Entscheidung Ihrer Eltern ein Treffer ins Schwarze war, weil manchmal zum Wohle der Familie gegen Ihren Willen entschieden werden musste, wie z. B. bei einem Umzug zugunsten des Berufs. Doch die Absichten dahinter waren stets, dass Sie unter den besten Bedingungen aufwachsen und mit beiden Füßen fest im Leben stehen.

Eltern, die viel Erfolg im Leben hatten und wohlhabend waren, wollen in der Regel vieles ihrer Persönlichkeit und Lebenseinstellung als Erfolgsformel an die Kinder weitergeben. Eltern, die ihr Leben in Armut oder Krankheit verbringen mussten, möchten ihre Fehler mit den Kindern teilen und dadurch verhindern, dass die Kinder dieselben Fehler machen.

Unabhängig davon, wo Sie Ihre eigenen Eltern nun einordnen oder ob Sie die ganze Sache anders betrachten: Jede Erinnerung, die Sie an Ihre Eltern haben, konfrontiert Sie mit einer Botschaft, die Ihre Eltern an Sie gerichtet haben. Möglicherweise erinnern Sie sich noch daran, wie Sie in der Ausbildung, im Studium, in der Schule oder in einem anderen Bereich des Lebens Zweifel hatten ... Was haben Ihnen Ihre Eltern gesagt? Oder aber Sie entsinnen sich eines großen Erfolgs in Ihrem Leben ... Was war hier die Botschaft Ihrer Eltern und in welcher Form haben Ihre Eltern zu diesem Erfolg beigetragen? Was auch immer es letzten Endes war: Es hat Ihre Persönlichkeit entscheidend geprägt. Sogar die kleinsten Entscheidungen, die Sie im Leben treffen, sind möglicherweise durch Ihre Eltern beeinflusst. Behalten Sie diese Erinnerungen bei.

> **Übung!**
>
> Schreiben Sie ein Tagebuch mit den Erinnerungen, die täglich durch Ihren Kopf schwirren, und halten sie mit jedem Tag neu hinzukommende Erinnerungen fest. Seien es auch die kleinsten Dinge, die die Handlungs-, Denk- oder Ausdrucksweisen Ihrer Eltern betreffen. Einige Anregungen:
>
> ➢ Gibt es kleine Verhaltensmuster, die sich regelmäßig wiederholt haben (z. B. ironische Kommentare, starke Rücksichtnahme auf Ordnung)?
> ➢ Welche Einstellung hatten Ihre Eltern zu den verschiedensten Themen (z. B. Arbeit, Familie)?
> ➢ Was haben Ihre Eltern Ihnen auffällig häufig zu erklären versucht (z. B. konstruktiver Umgang mit Rückschlägen, verständnisvolles Zusammenleben mit anderen Menschen)?
>
> Nehmen Sie sich zunächst jeden Abend eine Viertelstunde Zeit, über Antworten auf Fragen wie diese nachzudenken. Finden Sie dabei zusätzliche Fragen und gehen Sie in jedwede beliebige Lebensbereiche hinein. Nach dieser Viertelstunde überlegen Sie eine weitere Viertelstunde, inwieweit Sie die jeweiligen Eigenschaften Ihrer Eltern heute noch beeinflussen.

Am Ende wird die Erkenntnis stets dieselbe sein: Ihre Eltern und deren Wirken leben in Ihnen weiter. Je mehr Sie sich damit auseinandersetzen und die Trauer nicht verdrängen, umso stärker werden Sie Ihren Eltern die Chance geben, in Ihnen weiterzuleben, und ein Leben nach deren Vorbild führen.

Die Rolle von Familienmitgliedern, Freunden und Bekannten

Auf dem Weg, noch mehr Erinnerungen zusammenzutragen, helfen allem voran Familienmitglieder, die an den entsprechenden Ereignissen teilgenommen haben. Sich mit anderen Angehörigen zusammenzutun, hat zudem den Vorteil, dass man sich gegenseitig darüber aufklärt, wie der jeweils andere mit der Trauer umgeht. Erinnerungen nehmen als Umgangsweise mit der Trauer dabei eine besondere Rolle ein. Denn zu zweit, dritt oder gar viert bekommt man wesentlich mehr Erinnerungen sowie differenzierte Sichtweisen zusammen. Haben Sie beispielsweise ein Ereignis mit Ihren Eltern nur rudimentär in Erinnerung, kann der ältere Bruder den gesamten Kontext erklären und auf diesem Wege wundervolle Erinnerungen ins Gedächtnis rufen, die Ihnen ansonsten entglitten wären. Allem voran bezüglich der Kindheitstage schlummern Erinnerungen in Ihrem Unterbewusstsein, die hervorzuholen eine immense Bereicherung für Sie ist. Durch die richtigen Anreize von Angehörigen treten verloren geglaubte Erinnerungen wieder zum Vorschein. Daher sei die Empfehlung ausgesprochen, sich gezielt mit anderen Verwandten zusammenzutun: Von Geschwistern über Tanten und Onkels bis hin zu eigenen Kindern, Cousinen, Cousins und eventuell sogar Großeltern!

Freunde wiederum erfüllen eine andere wichtige Komponente: Sollten Sie die Trauer verarbeiten und über Erinnerungen reden wollen, sind Sie bei Freunden ebenfalls gut aufgehoben, weil diese eine wichtige Zuhörerfunktion haben. Familienangehörige bringen sich aufgrund der Nähe zu Ihren Eltern und den guten Bekanntheitsgraden viel mit eigenen Erinnerungen ein. Dies ist zwar willkommen, doch wenn Sie allein Ihren Erinnerungen freien Lauf lassen wollen, dann sind Freunde unvergleichbar wichtig.

Zu guter Letzt die Bekannten ... Allein der Begriff „Bekannte" ist ziemlich breit definierbar:

- ❖ Arbeitskollegen

- ❖ Nachbarn
- ❖ Vereinsmitglieder
- ❖ Personen, denen Sie häufig begegnen
- ❖ Freunde von Freunden

Wie auch immer Sie es definieren möchten, handelt es sich um Personen, zu denen Sie regelmäßig Kontakt haben, die aber nicht als Freunde einzustufen sind. Der Vorteil der Unterhaltungen mit diesen Personen ist, dass Sie einerseits Ihre Erinnerungen teilen, andererseits objektivere Meinungen erwarten dürfen als beim Austausch mit Familienangehörigen und Freunden. Durch das distanziertere Verhältnis zu den Bekannten ist es wahrscheinlicher, dass Sie in einigen Angelegenheiten Widersprüche oder mutigere Sichtweisen mitgeteilt bekommen als bei Angehörigen und Freunden.

> **Hinweis!**
> Meiden Sie im Anfangsstadium der Trauer den Austausch mit Bekannten über Ihre Situation, Ihren Gefühlszustand und Ihre Erinnerungen an Ihre Eltern. Da Sie anfangs besonders sensibel sind, können Missverständnisse in der Kommunikation zu Streitigkeiten führen. Lehnen Sie Angebote von Bekannten, über Ihre Trauer zu sprechen, dankend ab und sagen Sie, Sie würden zu einem späteren Zeitpunkt darauf zurückkommen.

Anfangs sind Unterhaltungen mit Angehörigen und Freunden das Beste. Hier erfahren Sie viel Verständnis sowie Rücksicht. Darauf kommt es in erster Linie an, wenn Sie Ihre Trauer verarbeiten. Außerdem kennen Familie und Freunde Ihren Charakter und Ihre Reaktionsweisen in einzelnen Situationen besser als Bekannte. Sollten Sie die Situation nach einigen Wochen oder Monaten besser akzeptieren und offen für den Austausch mit weniger vertrauten Personen sein, dann ist es in Ordnung, auch Bekannte an Ihren Erinnerungen sowie Gemütszuständen teilhaben zu lassen.

Als Quintessenz steht über allem: Haben Sie den Mut, sich zu erinnern! Erinnerungen bringen Ihnen die wunderschönsten und wichtigsten Botschaften Ihrer Eltern ins Bewusstsein und lassen Ihre Eltern sowie deren Vermächtnis in Ihnen weiterleben. Anders war es nie und anders wird es nie sein. Ohne Ihre Eltern wären Sie nicht dort, wo Sie sind. Sprechen Sie mit anderen Personen darüber. So werden sich auch andere Personen an Ihre Eltern erinnern – und Ihre Eltern werden in diesen Personen weiterleben.

Welche Gefühle treten auf und sind normal?

Im Zuge des Sich-Erinnerns treten verschiedenste Gefühle auf, worunter neben direkt mit Trauer in Verbindung zu bringenden negativen Emotionen ebenso positive Emotionen fallen können. Erinnern Sie sich allein oder mit anderen an einen lustigen Moment mit Ihren Eltern zurück, dann kann es sein, dass Sie ins Lachen geraten. Mitten in die Trauer fallen plötzlich mehrere Lacher, die bis zu einer halben Minute Zeit in Anspruch nehmen können. Dass diesen Lachern der nächste Tränenschwall folgt, spielt an dieser Stelle keine Rolle, denn Emotionen kommen so, wie sie kommen. Daran können Sie nichts ändern. Dennoch stellt sich im Nachhinein die Frage, ob es angemessen war, zu lachen. Sie müssten trauern, aber plötzlich lachen Sie. Seien Sie sich einer Sache sicher: Solange Sie sich erinnern und Ihren Emotionen freien Lauf lassen, machen Sie alles richtig und müssen sich nicht rechtfertigen. Im schlimmsten Fall könnte sich eine Person erkundigen, wieso Sie gerade lachen, doch wenn Sie es erklären, wird die Person sicher mit Ihnen lachen.

Wir Menschen sind durch Emotionen gesteuert, daher sind wir zu widersprüchlichem Handeln in der Lage. Dies ist es, was uns von einer Maschine unterscheidet. Je größer Ihre Emotionsvielfalt ist, umso gesünder sind Sie zugleich unter psychischen Gesichtspunkten. Denn eine Person, die nur trauert, kann nah dran sein, an Depressionen zu erkranken. Bewahren Sie sich Ihre Menschlichkeit, Ihre Emotionalität und Ihre Erinnerungen! Im Rahmen dessen sind alle Emotionen auch in einer Trauerphase normal und gestattet.

„Erste Hilfe" für nach dem Trauerfall

Zum Abschluss des Einstiegskapitels lernen Sie unter der „Ersten Hilfe" für nach dem Trauerfall Wege kennen, wie plötzlich eintretende Emotionszustände überwunden werden können. Das folgende Set an Ratschlägen und Reaktionstipps richtet sich an alle Personen, die von dem plötzlich eintretenden Gefühl der Trauer auf verschiedene Weise übermannt werden. Das Set erhebt keinerlei Ansprüche auf Vollständigkeit, zumal dies bei der Vielfalt, in der sich Trauer äußern kann, nicht möglich ist.

Sie verspüren einen großen Drang, Ihre Trauer mit Mitteln wie Alkohol, Medikamenten oder gar Drogen zu bekämpfen?

Häufig kommen diese Gedanken am Abend, wenn die Dunkelheit einkehrt, die negativen Gedanken ein Nährboden ist. Sorgen Sie zunächst dafür, dass solche Mittel gar nicht im Haushalt vorhanden sind. Dies ist bei Alkohol und Drogen einfacher zu bewerkstelligen als bei Medikamenten, die aus gesundheitlichen Gründen gebraucht werden. Sollte letzteres bei Ihnen zutreffen, so heben Sie lediglich die Medikamente auf, die Sie aus gesundheitlichen Gründen wirklich benötigen. Sobald Nacht ist, sind die Zugangsmöglichkeiten zum Kauf von Alkohol erschwert und es haben nur wenige Apotheken einen Nachtdienst. Die Wahrscheinlichkeit ist unter den genannten Bedingungen insgesamt gering, sich diesen Mitteln hinzugeben.

In Ihnen staut sich eine große Wut an und Sie reagieren übermäßig sensibel auf die Äußerungen einzelner Personen?

Meiden Sie Konfrontationen mit Personen, bei denen Sie bereits im Vorhinein von einem hohen Konfliktpotenzial ausgehen können. Dies dürfte angesichts Ihrer Auszeit von mehreren Tagen bis zu zwei Wochen kein Problem darstellen.

Treffen Sie in dieser Zeit vermehrt Angehörige und Freunde, die sich bereits in der Vergangenheit durch ein gutes Einfühlungsvermögen ausgezeichnet haben. Erzählen Sie diesen Personen von Ihrer angestauten Wut und bitten Sie darum, dass Ihre Gesprächspartner Verständnis für Ihre Situation zeigen. Unter Umständen nimmt Sie eine dieser Personen auf eine Aktivität mit, die Sie normalerweise nicht praktizieren würden, die Ihnen aber ausgezeichnet bei der Bekämpfung der Wut hilft.

Die Erinnerungen und Trauer lassen Ihnen über den gesamten Tag verteilt keine Ruhe und plagen Sie regelrecht?

Sorgen Sie dafür, sich tagsüber regelmäßig abzulenken, indem Sie einem Hobby nachgehen, welches Sie ein Stück weit ablenkt. Es sollte sich, wie bereits erwähnt, um eine Aktivität handeln, bei der Sie keine kognitiven Höchstleistungen erbringen müssen, da ein Aufdrängen der Trauer und der Erinnerungen an Ihre Eltern immer vorhanden sein wird. Indem Sie spazieren, gärtnern, in Vereinen aushelfen und hin und wieder Zeit mit anderen Menschen verbringen, erhalten Sie einen ausgewogenen Mix, der dafür sorgt, dass Sie nicht mehr von den Erinnerungen und der Trauer geplagt werden, sondern beides konstruktiv verarbeiten. Haben Sie den Mut, sich in der Phase der Auszeit nach der Trauerfeier ruhig neuen Dingen zu widmen. Durch den Tod Ihrer Eltern ist ein Bruch im Leben eingetreten, den Sie durch neue Erfahrungen und neue Personen am besten flicken können.

Was ist, wenn Sie keine Auszeit einlegen können, weil Sie wenige Tage nach der Trauerfeier arbeiten oder anderen Pflichten nachgehen MÜSSEN?

Sollte keine Auszeit von allem möglich sein, dann kommunizieren Sie bestenfalls mit Ihrem Arbeitgeber, Kollegen und/oder anderen Parteien, wieso Sie Ihre Pflichten wahrscheinlich nur mit geringerer Konsequenz und Qualität erfüllen können. Denn nichts ist schlimmer, als so zu tun, als wäre alles beim Alten, und ohne plausible Erklärungen schlechte Leistungen bei der Arbeit oder in anderen Lebens- und Pflichtbereichen zu erbringen. Bitten Sie deswegen um Verständnis und versuchen Sie, trotz wichtiger Verpflichtungen mehr Freiräume als sonst zu erhalten. Holen Sie die eigentliche Auszeit zu dem frühestmöglichen Zeitpunkt nach, an dem Sie Urlaub bekommen oder andere Pflichten außer der Arbeit aufschieben können.

Sie fühlen sich auch körperlich schlecht?

Da Körper und Geist eng miteinander verbunden sind, ist es durchaus wahrscheinlich, dass Sie im Zuge der Trauer dazu neigen werden, Ihren Körper zu vernachlässigen. Eventuell nehmen Sie vermehrt ungesundes Essen zu sich, konsumieren mehr Alkohol oder aber Sie schlafen übermüdet im Sofa ein, weil Sie im Bett nicht einschlafen konnten. Wichtig ist, dass Sie Ihren Körper insbesondere in dieser Phase pflegen und nach Möglichkeit verwöhnen. Den Körper zu pflegen bedeutet, ...

- ❖ ... den Konsum ungesunder Lebensmittel (zuckerhaltige Produkte, Fertigprodukte, Fast Food) zu vermeiden und stattdessen frisches Gemüse und Vollkornprodukte zu sich zu nehmen!
- ❖ ... sich Wellness im Rahmen der Möglichkeiten zu gönnen; wenn nicht professionelle Massagen oder Saunagänge, dann Massagen durch den Partner oder Kurbäder in der heimischen Badewanne!
- ❖ ... Entspannungsübungen zumindest auszuprobieren und immer zu versuchen, im dafür vorgesehenen Bett einzuschlafen! Beides schafft produktive Gewohnheiten, da es zu einem gesunden Entspannungs- und Schlafverhältnis einlädt.
- ❖ ... sich im Rahmen der eigenen körperlichen Möglichkeiten zu bewegen!

Die Erinnerungen und Gefühlsausprägungen sind derart stark bei Ihnen, dass Sie diese nicht sortieren können?

Fangen Sie an, Tagebuch über Ihre Trauerverarbeitung zu führen. Dadurch bewahren Sie sich einerseits all die kostbaren Erinnerungen an Ihre Eltern und sind andererseits dazu in der Lage, die Gefühlsausprägungen einzuordnen und sich dieser Gefühle bewusst zu werden. Dies führt dazu, dass Sie erkennen, was Ihnen in der Beziehung zu Ihren Eltern wirklich wichtig war. Sie lernen, negative Ereignisse abzuhaken und die Eltern sowie das Verhältnis zu diesen in positiver Erinnerung zu behalten. Dies hilft Ihnen wiederum, den Tod zu akzeptieren.

> **Hinweis!**
> Das Tagebuchschreiben ist eine Angewohnheit, die selbst außerhalb von Trauerphasen – im Leben allgemein – förderlich ist. Sie leben dadurch bewusster und sind mit Ihren Stärken sowie Schwächen stärker im Reinen. In Situationen, in denen Sie normalerweise allein wären, ist das Tagebuch als Anlaufstelle für Sie da. Aber das Beste an der Tagebuchführung ist ohne Frage, dass Sie nichts mehr vergessen.

Wie gehen Sie vor, wenn Sie nicht wissen, wie Sie nach der Trauerfeier die Auszeit beginnen oder den Alltag wieder aufnehmen sollen?

Dieses Kapitel hat Ihnen Ratschläge vorgeführt, mit deren Hilfe Sie eine Auszeit gestalten können: Vom Tagebuch über die Verwöhnung des Körpers bis hin zum Austausch von Erinnerungen mit eng vertrauten Personen. Es handelte sich dabei aber lediglich um einige wenige der Möglichkeiten, die Sie haben. Sammeln Sie weitere Ideen und machen Sie dann Folgendes, um nach der Trauerfeier direkt einen geordneten Anfang zu finden: Planen Sie Ihre Auszeit und den Alltag!

Durch eine schriftliche Planung – idealerweise auf einem Blatt Papier per Hand geschrieben und nicht auf einem Endgerät digital verfasst – fällt es Ihnen leichter, direkt einen Anfang zu finden. Die nächsten Schritte sind durch die Planung ebenfalls festgelegt. In Kapitel 4 mit konkreten Anleitungen zur Trauerüberwindung erfahren Sie diesbezüglich mehr.

Zusammenfassung: Die Erinnerungen hegen und pflegen!

Nach der Trauerfeier drängt sich Ihnen die Gewissheit, dass Ihre Eltern von Ihnen gegangen sind, urplötzlich auf, sodass Sie es kaum wahrhaben möchten. Doch es ist wahr. Im Zuge dessen denken Sie zurück an die Vergangenheit, was Ihnen noch mehr Schmerzen bereitet. Aber exakt jenes Zurückdenken und Sich-Erinnern hat einen unermesslich hohen Wert für Sie: Denn die Erinnerungen bewirken, dass Sie sich der Botschaften, Glaubenssätze, Ratschläge und Warnungen Ihrer Eltern gewahr werden. So gelingt es Ihnen, dass sich das Positive Ihrer Eltern verstärkt in Ihnen widerspiegelt und Ihre Eltern durch Sie weiterleben. Planen Sie deswegen die Zeit nach der Trauerfeier so, dass Sie sich im Rahmen Ihrer persönlichen Bedürfnisse mehrere Tage bis zwei Wochen Auszeit vom gewöhnlichen Alltag nehmen. Legen Sie in der Planung fest, wann und wie Sie Ihren Körper verwöhnen, sich mit ausgewählten Angehörigen und Freunden zum Erinnerungsaustausch über Ihre Eltern treffen und in welcher Form Sie aktiv sind, um sich moderat von der Trauer abzulenken. Vermeiden Sie zudem extreme Handlungen und machen Sie einen Bogen um Rauschmittel oder Drogen, die Ihnen nicht bei der Trauerverarbeitung helfen, sondern Ihnen nur schaden. Durch all diese Aspekte legen Sie die Basis für einen konstruktiven Umgang mit Ihrer Trauer, der den Beginn der Trauerüberwindung markiert.

Was ist Trauer?

Dieses Kapitel führt in den Begriff der Trauer ein, der eine Fülle an Emotionen umfasst und zunächst mit komplettem Unverständnis konfrontiert: „Wie können die Eltern, die doch das ganze Leben für mich da waren, die gefühlt gerade eben noch so nah waren, plötzlich fort sein? Das kann nicht sein und ist nicht wahr!" Dieses Unverständnis zu Beginn des Trauerprozesses ist völlig normal, ebenso wie es die weiteren Schritte des Trauerprozesses sind. Um Sie darauf vorzubereiten, was Sie erwartet, erhalten Sie im Folgenden eine genaue Einführung in die einzelnen Phasen des Trauerprozesses, damit Sie diesen gefasst begegnen. Erneut warten Übungen auf Sie, die Ihre Vorstellungskraft vorantreiben und Ihnen eine Stütze dabei sind, die einzelnen emotionalen Zustände nachzuvollziehen. Allem voran lernen Sie den tiefgreifenden Zusammenhang zwischen Körper und Geist kennen, der dafür sorgt, dass die Trauer sich so vielfältig und intensiv äußert. Basierend auf diesem Zusammenhang erfahren Sie Wege, wie Sie Körper und Geist Gutes tun können.

Über das Fehlen geliebter Menschen

Trauer ist mit dem Begriff Traurigkeit nicht gleichzusetzen. Letzterer bezeichnet das „Traurig-Sein", welches keinerlei triftiger Begründungen bedarf. Das „Trauern" jedoch ist ein langer Prozess, welcher einen klaren Grund hat: In Fall dieses Werks geht es dabei um den Verlust eines geliebten Menschen. Fortan fehlt er in Ihrem Leben. Diese klaffende Lücke ob des Verlustes kommt plötzlich. Selbst, wenn bereits zuvor bekannt war, dass Ihre Eltern sterben werden (z. B. wegen einer Krankheit), so trifft Sie der Verlust dennoch schwer. Denn eben waren Ihnen Ihre Eltern noch nah. Nun sind sie tot. Dies ist ein Zustand, auf den Sie sich nicht emotional vorbereiten können. Sie müssen sich diesem Zustand hingeben, um sich des Verlusts bewusst zu werden und die Trauer zu durchleben. Daran führt kein Weg vorbei ...

Vor kurzem noch so nah ...

In einem Interview des Schweizer Rundfunks (SFR)[1] waren die Psychologin Verena Kast und der Philosoph Wilhelm Schmid geladen. Sie beschäftigen sich beide intensiv mit dem Thema „Trauer" und haben Bücher verfasst. Verena Kast wird im weiteren Verlauf dieses Kapitels mit ihrem Phasenmodell zur Trauer noch eine Rolle spielen. Beide kommen in dem Interview häufig auf die Phase unmittelbar nach dem Tod des Betroffenen zu sprechen und verweisen auf einen Zustand der inneren Lähmung und der Ungläubigkeit.

Nicht anders wird es Ihnen ergehen, was völlig normal ist. Ob Eltern, eigene Kinder, enge Freunde oder andere Personen, die soeben verstorben sind: Sie hatten eine enge Bindung und womöglich noch vor wenigen Tagen Kontakt zu der Person, wobei nun alles vorbei ist. Aufgrund der großen Bedeutung der Eltern und Ihrer engen Verbindung zu diesen bricht Ihnen eine enge Beziehung weg; ein Stück weit sogar Ihre Identität. Dass Sie angesichts dessen ungläubig sind und die Realität nicht wahrhaben wollen, ist nur allzu verständlich. In dieser Phase glaubt man an gar nichts mehr ... Der Philosoph Wilhelm Schmid rät an dieser Stelle, den Zustand einfach zu akzeptieren. Irgendwann wird Ihnen die Realität bewusstwerden und Sie werden es akzeptieren. Zudem verweist die Psychologin Verena Kast darauf, wie wichtig es ist, sich hierfür Zeit zu nehmen. Im gleichen Zuge kritisiert sie die unmenschlichen Tendenzen, die sich in der heutigen Zeit im Handeln und in der Trauerverarbeitung von Menschen

---

[1] https://www.youtube.com/watch?v=mCfVGIfMq4k

widerspiegeln: Man müsse aufgrund von Arbeit oder anderen Verpflichtungen schnell funktionieren und dürfe sich keinen Raum zum Trauern lassen. Dies sei „unmenschlich", so Kasts Worte. Sie rät dazu, dann arbeiten zu gehen, wenn dies einer Person guttue, aber nicht, wenn es erzwungen sei. Im Vordergrund stehen Freiheiten in Kombination mit Ablenkung, um eine gesunde Trauerverarbeitung zu ermöglichen.

Gerade eben waren Ihnen Ihre Eltern noch nah. Auch wenn es nicht „gerade eben" war, so fühlt es sich zumindest danach an. Um dies zunächst überhaupt zu begreifen, ist es wichtig, dass Sie sich – wie im ersten Kapitel bereits thematisiert – Zeit nehmen und sich Freiraum schaffen – die vielzitierte Auszeit nach der Trauerfeier. Im Zuge dieser Auszeit werden Sie jedoch, sofern Sie sich gezielt an Vergangenes erinnern, feststellen, dass Ihre Eltern Ihnen nicht so fern sind, wie Sie denken.

... und jetzt wirklich fern?

Dass eine Person durch den Tod nicht zwingend in weite Ferne rückt, hat bereits das letzte Kapitel anhand der Kraft von Erinnerungen demonstriert. Eltern leben in ihren Kindern weiter, wobei die Kinder entscheiden, welche Ausmaße dies annimmt. Je mehr Positives Sie in Ihren Eltern gefunden haben, durch die Erinnerungen finden werden und für Ihr eigenes Leben übernehmen möchten, umso stärker werden die Eltern im Kind weiterleben. Doch das letzte Kapitel hat mit diesem Beispiel nur ansatzweise gezeigt, wie weitreichend die Nähe der Eltern nach dem Tod sein kann. Denn es geht weit über das Weiterleben in Ihnen persönlich hinaus:

- ❖ Haben Ihre Eltern etwas erbaut oder gestaltet? Sei es ein Haus, ein Garten, ein Unternehmen, eine Sammlung von Gemälden, Autos oder anderen Sachen – der Fingerabdruck Ihrer Eltern ist in diesen Dingen deutlich erkennbar!
- ❖ Sind Ihre Geschwister oder Familienmitglieder im Verhalten, Aussehen oder Denken Ihren Eltern ähnlich?

Dann leben Ihre Eltern auch hier weiter – sei es in den Augen der Schwester, der Mimik des Bruders oder in der Ironie des Onkels!
- ❖ Hatten Sie gemeinsame Gewohnheiten, einen gemeinsamen Zeitvertreib oder gemeinsame Rituale mit Ihren Eltern? Sobald Sie diese praktizieren, hat das Vermächtnis Ihrer Eltern Bestand!

Wie Sie sehen, haben die Eltern über Ihre eigenen Erinnerungen hinausgehende Aspekte geschaffen. Dies sind gleichermaßen materielle wie ideelle Dinge. Es ist kein Ersatz für die physische Anwesenheit der Eltern und deren individuelle Handlungen, aber es ist eine neue Art zu leben. Da allem voran in der Familie die größten Gemeinsamkeiten und Parallelen zu den Eltern vorhanden sind, ist es wichtig, dass in Phasen des Verlusts und der Trauer die Familie eng zusammenrückt.

> **Hinweis!**
> Je nach Umständen des Todes und der Ausprägungen der familiären Bande vor dem Tod ist es möglich, dass es zu Streitigkeiten rund um den Tod und dessen Begleitumstände in der Familie kommt. Schuldzuweisungen zwischen Brüdern und Schwestern, Onkeln und Tanten, Kindern und Großeltern sowie andere unglückliche Konstellationen sind keine Seltenheit. Denken Sie daran, dass die Verbindung zu den Eltern eine einzigartige Verbindung im Leben ist. Die Eltern hätten nie gewollt, dass es zu Streitigkeiten und Uneinigkeit kommt. Denken Sie zudem daran, dass niemand es verdient, mit seinen Schuldzuweisungen bzw. Schuldgefühlen UND der Trauer allein zurückgelassen zu werden.

Sobald die Familie zusammengerückt ist, wird die größte Nähe zu den Eltern erreicht. Bemühen Sie sich um dieses Zusammenrücken, weil es Ihnen eine Aufgabe geben wird, und ebenso darum, von Ihren Eltern begonnene Vorhaben in deren Sinne weiterzuführen: Sammlungen sollten gepflegt und nicht verkauft werden, Unternehmen sollten eine gute Nachfolge bekommen oder selbst im Sinne der Eltern fortgeführt und nicht zerschlagen werden. Sollten Sie das Werk Ihrer Eltern fortsetzen, wird Ihnen womöglich die ein oder andere Überraschung begegnen: Vielleicht finden Sie in einem Raum des Hauses, in einer Sammlung oder im Garten versteckt ein Detail, welches Ihnen zuvor über die Eltern nicht bekannt war. Bei einem solch glücklichen Zufall ist es so, als würden Ihre Eltern mit Ihnen reden ...

Wir erkennen also, dass die Eltern auf der einen Seite fern sind, aber auf der anderen äußerst nah. Bei dieser Erkenntnis lohnt auch ein Blick auf die anderen Kulturen und deren Einstellung zum Tod.

Hinduismus

Im Hinduismus wird der Tod als ein Übergang in eine neue Existenz erachtet. Es ist das Ende der weltlichen Qualen und der Beginn einer neuen Existenz. Sterben wird als Teil des Lebens erachtet und gliedert sich in einen Kreislauf aus Geburt, Leben, Tod und Wiedergeburt ein. Die guten und schlechten Taten eines Menschen entscheiden, in welcher Hülle er im nächsten Leben wiedergeboren wird, aber eine Wiedergeburt ist sicher. Mit jedem Leben hat somit jede Person die Chance, ein vorbildliches Leben zu führen und aufzusteigen. Betroffene dürfen nicht weinen, während die Körper der Verstorbenen verbrannt werden.

Was lehrt der Hinduismus? **Der Tod ist ein natürlicher Teil des Lebens!**

Judentum

Im Judentum hat eine schnelle Beerdigung die höchste Priorität. Anzeigen und Einladungen zur Beerdigung erfolgen nicht durch Annoncen, sondern durch Telefonate, Mails und schnell verteilte Handzettel. Die Beerdigung hat – ganz nach der Devise „Im Tode sind alle gleich." – möglichst bescheiden zu verlaufen. Dementsprechend kommt es selten zu mehr als

Leichentüchern und einfachen Holzsärgen für die Verstorbenen. Einen Vorteil hat die Schnelligkeit bei der Beerdigung: Den Betroffenen wird der Organisationsaufwand zum größten Teil abgenommen. Ein faszinierender Brauch trägt den Namen „Schiwa". Dieser Begriff bedeutet ins Deutsche übersetzt „Sieben" und sieht vor, dass die Hinterbliebenen von der Familie sieben Tage lang mit Gaben und Speisen besucht werden, um in der Zeit der Trauer nicht allein zu sein.
Was lehrt das Judentum? **Gemeinsam mit anderen trauern!**

Muslime

Die Muslime trauern je nach Glaubensrichtung verschieden. Große Unterschiede gibt es zwischen den Sunniten und Schiiten auf lange Sicht. Während die Sunniten 120 Tage nach dem Tod einer Person das Trauern offiziell beenden, haben die Schiiten mit dem Trauermonat Muharram jährlich einen fest definierten Monat, an dem sie zusammenkommen und gemeinsam trauern. Die Auswahl des Monats erfolgt nach einem eigenen Kalender und orientiert sich an dem Gedenken des Todes der Urväter der Schia.
Was lehren die Muslime? **Auch langfristig regelmäßig gedenken!**

Christentum

Die Beerdigungsrituale im Christentum haben sich im Laufe der Jahrhunderte grundlegend gewandelt. War es früher noch gang und gäbe, dass Friedhöfe rund um Kirchen errichtet wurden und Hunderte an der Beerdigung teilnahmen, um dem Sarg zu folgen, sind nun Friedhöfe an den Rändern der Stadt keine Seltenheit und Beerdigungen mit reichhaltiger Personenbeteiligung eine Rarität. Was sich als bemerkenswert erweist, ist der Glaube an ein Leben nach dem Tod. Die Seele des Menschen lebe nach dem Tode weiter, so die Annahme, sofern der Mensch ein Leben nach den Grundsätzen der Bibel geführt und sich zum Glauben bekannt hatte.
Was lehrt das Christentum? **Nach dem Tod geht es weiter!**

Buddhismus

Besonderheit am Buddhismus ist die intensive Verarbeitung der Trauer samt Abschiednehmen. Es wird zwar davon ausgegangen, dass die verstorbene Person wiedergeboren wird, doch alles in allem wird der Tod als eine schmerzhafte Erfahrung angesehen. Dementsprechend dürfen Betroffene weinen; sie sollen dies sogar tun. Nach dem Tod wird die verstorbene Person in der Regel tagelang in dem eigenen Haus oder einem Tempel aufgebahrt, damit sich alle Personen an den traditionellen Zeremonien, wie z. B. der Waschung, beteiligen können. Es wird sich Zeit genommen, damit auch Angehörige aus fernen Nationen anreisen können.

Was lehrt der Buddhismus? **Sich Zeit zum Abschied nehmen!**

Was bleibt als Quintessenz bestehen?

Ja, Ihre Eltern sind Ihnen nun fern. Doch durch eine gemeinsame Trauer in der Familie wird die Situation einfacher gestaltet. Kurz- und langfristig ist es wichtig, sich auszutauschen, um den Eltern zu gedenken und die Erinnerungen an die Eltern am Leben zu erhalten. Dies lehren uns auch die gerade kurz vorgestellten Herangehensweisen der fünf Weltreligionen an das Thema Tod. Sie müssen gar nicht gläubig sein, um die Nähe zu Ihren Eltern aufrechtzuerhalten. Sie müssen nur offen sein und sich darauf freuen, mit anderen Menschen über Ihre Eltern zu sprechen und sich verschiedenster Ereignisse mit den Eltern zu erinnern.

Phasen der Trauer

In ihrem Buch *Trauern – Phasen und Chancen des psychischen Prozesses* (1990) stellt Verena Kast ihre vier Phasen der Trauer vor. Diese ähneln anderen psychischen Modellen, u. a. dem weltweit angesehenen Modell der fünf Sterbephasen nach Elisabeth Kübler-Ross. Kübler-Ross jedoch verfasst ein Modell aus Sicht des Sterbenden, während das von Kast entwickelte Modell Trauernden eine Unterstützung ist. Sie stellt den Trauerprozess anhand von vier Schritten dar:

    I. Phase des Nicht-Wahrhaben-Wollens
    II. Phase der aufbrechenden Emotionen
    III. Phase des Suchens und Sich-Trennens
    IV. Phase des neuen Selbst- und Weltbezugs

I. Nicht-Wahrhaben-Wollen

Eine faszinierende Tatsache ist die Frage, wieso uns Menschen der Tod geliebter und befreundeter Menschen so stark wehtut, wo wir doch seit spätestens unserer Jugend wissen, dass jeder Mensch einmal sterben muss. Sie werden selbst bestens gewusst haben, dass Ihre Eltern in Zukunft die Welt verlassen müssen würden. Aber der Grund, weswegen Sie dennoch so stark getroffen sind und trauern, spricht absolut für Sie als Mensch: Emotionen.

Was uns Menschen auszeichnet, ist die Tatsache, dass wir imstande sind, zu fühlen. Dementsprechend schocken uns auch seit der Kindheit bekannte Gewissheiten, sobald sie eintreten. Der Verstand und das Gefühl sind zwei Komponenten unseres menschlichen Seins, die in Phasen der Trauer getrennt zu betrachten sind. Sie waren in der Lage, es kognitiv zu verarbeiten, dass Ihre Eltern irgendwann sterben würden. Doch dieser Tatsache emotional vorauszugreifen und sie wahrzunehmen, ist eine gänzlich andere Angelegenheit. Denn in der Phase, in der Sie Ihre Eltern verloren haben, und in den Tagen sowie Wochen danach merken Sie, wie viel Ihnen Ihre Eltern gegeben haben, woran Sie zuvor nicht gedacht hatten: Geborgenheit, Inspiration, Einfühlungsvermögen, Unterstützung; um nur einige Dinge zu nennen. All dies fehlt nach deren Ableben. Sie müssen diese Phase durchleben und sich dazu die besagte Auszeit gönnen.

> **Aus dem Leben anderer ...**
>
> Wir Menschen sind veranlagt, auf umfangreichere Weise zu trauern, als es Tiere tun. Dies lässt sich mit dem präfrontalen Cortex in unserem Gehirn erklären, der für die Regulierung der menschlichen Emotionen und die Reflexion von Geschehenem zuständig ist. Diese Reflexion muss zunächst erfolgen, was bedeutet, dass es die Distanz der Reflexion bedarf, um Geschehenes zu begreifen und emotional verarbeiten zu können. Das Tiere trauern können, scheint angesichts von Ereignissen, in denen Tiere ein gegenüber Kadavern ihrer Artgenossen auffälliges Verhalten zeigen[2], außer Frage zu stehen. Doch wir Menschen sind aktuell die einzige lebende Spezies, die in der Lage ist, umfangreich zu reflektieren und dahingehend Emotionen zu zeigen.

Sie werden in dieser Phase zunächst leugnen, was passiert ist, doch irgendwann – der Zeitpunkt ist bei jeder Person verschieden – werden Sie die Realität akzeptieren. Es ist von wenigen Tagen bis zu einer Woche Zeit für das Vorübergehen der ersten Phase einzukalkulieren. Je stärker Sie die Ratschläge aus dem ersten Kapitel zur Auszeit nach der Trauerfeier beherzigen, umso kürzer wird die erste Phase tendenziell ausfallen.

II. Aufbrechende Emotionen

In dieser Phase zeigt sich, wie vielschichtig der Trauerprozess ausfällt. „Trauern" ist nicht wie Traurigkeit eine Emotion, sondern ein Prozess, der sich durch eine unermessliche Vielfalt an Emotionen äußern kann:

- ❖ Wut
- ❖ Angst

---

[2] https://www.spektrum.de/news/koennen-tiere-trauern/1655642

- ❖ Zorn
- ❖ Niedergeschlagenheit
- ❖ Schuldempfinden
- ❖ Verzweiflung

Nimmt man das eingangs in diesem Kapitel erwähnte Interview mit Verena Kast und Wilhelm Schmid zur Hand, erfährt man wichtige Erkenntnisse zu dieser Phase. So ist diese Phase zunächst ein begrüßenswerter nächster Schritt in Ihrem Trauerprozess. Wenngleich Sie dazu neigen sollten, diese geballte Ladung an Emotionen durch Medikamente zu reduzieren, sollten Sie davon Abstand nehmen. Denn das Trauern ist ein wichtiger Schritt in Ihrem Entwicklungsprozess und allem voran die zweite Phase bringt zwar eine Menge negativer Emotionen mit sich, bringt Sie dafür aber ins Leben zurück: Sie beginnen, zu kämpfen! Vielleicht machen Sie nicht von Beginn an alles richtig und können im Affekt sogar Freunde oder Angehörige beschimpfen. Doch wenn Sie darauf achten, die überschüssige Energie in Aktivität und Ablenkung zu investieren, machen Sie alles richtig.

> **Hinweis!**
> Insbesondere bei Unfalltoten stellt sich die Frage nach dem „Warum". Der Tod der Eltern erscheint sinnlos, was er vordergründig auch ist. Doch blicken wir tiefer hinter die Fassade, stellen wir fest, dass wir Menschen aufgrund unserer mangelnden Kenntnisse über die gesamte Existenz und das Universum nicht zuverlässig über Sinn oder Unsinn urteilen können. Aber dafür haben wir eine andere Macht: Wir können dem Tod im Nachhinein einen Sinn geben, wie Wilhelm Schmid im Interview mit dem SRF sagt. Dies kann beispielsweise passieren, indem wir eine Stiftung gründen oder uns in einer Stiftung engagieren, die Menschen betreut, die an derselben Krankheit leiden, wie es die eigenen Eltern taten.

Wenn Sie das Gespräch mit eng vertrauten Personen suchen, sinkt das Risiko für Meinungsverschiedenheiten sowie daraus resultierende Konflikte. Stattdessen tauschen Sie sich mit Gleichgesinnten über die Erlebnisse mit Ihren Eltern aus und halten die Emotionen unter Kontrolle. Was nach Auffassung von Verena Kast und Wilhelm Schmid in der zweiten Phase hilft, mit den Emotionen klarzukommen, sind Rituale. Darunter fallen auch religiöse Rituale. Es spiele keine Rolle, ob man an Gott und eine der Weltreligionen glaube. Aber allein der Brauch, Lieder zu singen oder für die Verstorbenen zu beten, verschaffe Ruhe und eine Akzeptanz des Zustands.

> **Übung!**
>
> Gehen Sie drei Ritualen nach: Jeden Sonntag in die Kirche gehen, am Friedhof jeden zweiten Tag eine Kerze anzünden und jeden Tag für Ihre Eltern beten bzw. mit Ihnen sprechen. Suchen Sie sich fest definierte Tageszeiten dafür und gehen Sie diesen Dingen nach. Es soll kein langer Besuch am Friedhof sein und ebenso kein langes Gebet. Vielmehr sollen die Momente bewusst wahrgenommen werden. Machen Sie dies zwei bis drei Wochen lang und führen Sie darüber Tagebuch, wie Sie sich mit den genannten Maßnahmen fühlen.

Rituale religiöser Natur haben etwas Überirdisches. Sie führen in eine Dimension, in der Sie selbst nicht leben, aber sich Ihre Eltern der Auffassung einzelner Religionen nach befinden. Allein die Praxis eines derartigen Rituals verschafft Ruhe und bringt dem Überirdischen nahe.

III. Suchen und Sich-Trennen

In der dritten Phase des Trauerprozesses nach Verena Kast setzt das Suchen zunächst die konstruktiven Ansätze der zweiten Phase fort, indem die Emotionen wahrgenommen werden. Die Emotionen führen dazu, dass dem Verstorbenen durch Erzählungen und Erinnerungsaustausch mit anderen Menschen gedacht wird. Dabei wird der Mensch schmerzlich vermisst. Lassen Sie sich auf diese Phase ein und nehmen Sie sie ebenso bewusst wahr, wie es schon bei der zweiten Phase der Fall war. Ihnen wird auffallen, wofür der Begriff „Suchen" in dieser Phase steht, da Sie vermehrt dazu neigen werden, Ihren Eltern auf verschiedensten Wegen zu begegnen: Ob durch den Besuch eines Ortes, an dem Sie und Ihre Eltern häufig waren, oder durch den Blick in die Augen des Bruders, dessen Augen denen Ihres Vaters oder Ihrer Mutter ähneln. Gehen Sie diese Suche ein und stellen Sie sich unter Umständen sogar einen Reiseplan zusammen: Wenn Sie gezielt Orte besuchen und Ereignisse wiedererleben, die Sie in der Vergangenheit mit Ihren Eltern geteilt haben, werden Sie auf wundervolle Dinge stoßen, die zu gedenken ein Geschenk für den Rest Ihres Lebens sein wird.

Gleichwohl werden Sie mit zunehmender Dauer der Suche feststellen müssen, dass Sie Ihre Eltern vergeblich suchen. Es wird Zeit, sich zu trennen. Doch diese Trennung ist keineswegs einfach als Trennung zu bezeichnen. Denn wie Sie lernen durften, bleibt vieles von Ihren Eltern in Ihnen, Ihrer Familie sowie der Umgebung erhalten. Sie lernen in dieser dritten Phase, wie wichtig die Vorstellungskraft ist: Alles, was durch das Leben Ihrer Eltern in Ihnen erweckt worden ist, kann durch Ihre Psyche adaptiert werden. Somit sind Ihre Eltern nah bei Ihnen, sofern Sie es sich vorstellen.

Übung!

Nehmen Sie sich drei Tage hintereinander an jedem Abend für eine halbe Stunde Zeit, um darüber nachzudenken, welche Glaubenssätze, Einstellungen und Verhaltensweisen Sie von Ihren Eltern gelernt haben, die Sie als positiv und wichtig für Ihr Leben erachten. Schreiben Sie Ihre Erkenntnisse auf und lassen Sie sich durch den Kopf gehen, wie es Ihnen gelingt, diese positiven Dinge Ihrer Eltern für sich zu adaptieren, damit Sie ein Leben nach deren Vorbild leben.

IV. Neuer Selbst- und Weltbezug

Verena Kasts Phasenmodell des Trauerprozesses schließt mit einem neuen Selbst- und Weltbezug, der vorsieht, dass Sie Ihren Alltag nicht mehr ausschließlich entlang Ihrer Trauer um Ihre Eltern gestalten. Dabei bringt Kast die Überlegung ein, dass der Verarbeitungsprozess der Trauer Ihre Persönlichkeit neu geprägt hat. Es ist möglich, dass Sie Verhaltens- und Denkweisen oder Hobbys Ihrer Eltern adaptiert haben. Oder aber Sie fassen den Mut, um Entscheidungen und Handlungen durchzuführen, zu denen Sie Ihre Eltern bisher ohne Erfolg ermutigt hatten. Verena Kast spricht in einem Interview mit dem SRF davon, dass alle Personen die ersten Phasen des Trauerprozesses mehr oder weniger gleich verbringen. Doch mit der letzten Phase kristallisieren sich neue Interessen – seien sie noch so fein – heraus.

Allem voran machen Sie im Verlaufe des Trauerprozesses die Erkenntnis, dass Sie nur mit anderen Menschen zusammen glücklich sein können. Die Bedeutung von Familie und Kontakten wird Ihnen bewusst – eine Bereicherung für Ihr ganzes Leben!

Parallelen zum gesamten Trauerprozess lassen sich übrigens in den einzelnen Beerdigungsritualen der Weltreligionen beobachten. Verena Kast eröffnet im Interview mit dem SFR den Vergleich mit dem christlichen Prozess der Beerdigung. Das Christentum nehme bei der Beerdigung den Trauerprozess bereits vorweg. Zunächst werde der Betroffene gesehen. Dies bereite anfangs noch Ungläubigkeit, die schnell den Emotionen weiche. Diese Emotionen würden durch die Predigt sowie Grabrede und unter Umständen eine begleitende Musik unterstützt und durch Erinnerungen in eine positive Richtung gelenkt. Die Betroffenen, so Kast, würden mit Menschen kommunizieren. Dies sei wohltuend für die Seele. Mit dem Sarg unter der Erde spiegele sich nach Kast die Endgültigkeit des Todes wider. Auf diese Trennung folge die Trauerfeier; also ein Fest, welches zeige, dass das Leben trotz des Verlustes weiterginge.

> **Aus dem Leben anderer ...**
>
> Von den Parallelen zum Trauerprozess, die die christliche Trauerzeremonie mit sich bringt, machte Jutta Maiberg (*Das letzte Hemd hat viele Farben*, Bode & Roth; 2018) bewusst Gebrauch, was ihr den Abschied von ihrem erst im Alter von 35 Jahren verstorbenen Mann erleichterte. Sie schloss den Sargdeckel höchstselbst, fasste die begleitende Musik als ein Leitmotiv für Ihren Trauerweg auf, ließ sich immer von ihren geliebten Menschen umgeben und nahm sich Zeit für den Abschied. Sie hatte keine Angst vor der Beerdigung, da sie sich bereits bei der Aufbahrung des Leichnams gemeinsam mit ihren Kindern umfangreich von Ihrem Mann verabschiedet hatte. Sie durchlebte die Trauer stets aktiv.

Wie Sie sehen, ist der Trauerprozess im großen Rahmen und partiell sogar in den Details vorab definiert. Sie sind mit Ihren Emotionen nicht allein, sondern in Gesellschaft. So, wie es Ihnen ergeht, ergeht es auch anderen. Nehmen Sie deswegen jede dieser Phasen hin und tun Sie mit den Kenntnissen, die Sie bisher erworben haben und im Laufe dieses Ratgebers noch erwerben werden, das Ihnen Bestmögliche, um diese Phasen bewusst zu durchleben sowie möglichst viel Kraft, Zuversicht und Erinnerungen an Ihre Eltern aus dem Trauerprozess zu schöpfen.

Symptome der Trauer

Die Psyche eines Menschen hat weitreichende Wirkungen auf dessen Körper. In der Medizin findet man dafür den Fachbegriff Psychosomatik. Dieser meint, dass Körper und Psyche einer Wechselwirkung unterliegen[3]. Im Kontext der Trauer zeigt sich dies auf den verschiedensten Ebenen. Zwar ist ie

---

[3] https://lexikon.stangl.eu/1194/psychosomatik/

Trauer von der Psychologie nicht genau erforscht[4], aber es lassen sich in der Therapie sowie im Beisein von trauernden Menschen Muster ausmachen, die als allgemein gültig im Trauerprozess angesehen werden dürfen. Sie erfahren im Folgenden die Vorgänge in Körper und Psyche. Die einzelnen dort genannten Aspekte werden vermehrt negativ klingen, sollen Ihnen aber keineswegs Zweifel oder Angst bereiten. Sie sollen vielmehr verstehen, dass sämtliche nachfolgend genannten Reaktionen von Psyche und Körper auf die Trauer normal sind. Seien Sie dementsprechend darin bestärkt, Ihre Trauer zu akzeptieren und alle Emotionen, die in Ihrem individuellen Fall der Trauer angehören, zuzulassen.

Auch die Gehirnforschung hat sich mit den Symptomen befasst[5]. Es zeigte sich, dass folgende Bereiche des Gehirns bei Trauer verstärkt betroffen sind:

- ❖ Hirnstamm
- ❖ Kleinhirn
- ❖ Limbisches System

Die ersteren beiden haben nichts mit den Emotionen zu tun, sondern sind für die Regulation gewöhnlicher Prozesse unseres Körpers verantwortlich. Dies reicht vom Atmen über das Schlafen und Essen bis hin zur Herz-/Kreislauffunktion. Diese Tatsache greift bereits einer Erklärung für die im weiteren Verlauf geschilderten Symptome eines Schlafmangels und beschleunigten Herzschlags sowie weitere körperspezifische Symptome voraus. Das limbische System als letzter der drei Punkte wiederum reguliert die Emotionen und das bewusste Gedächtnis. So wird das Emotionschaos verursacht. Neben dem Emotionschaos kann sich auch eine Desorientierung zeitlicher sowie örtlicher Natur breitmachen. Dies ist dem

---

[4] https://www.welt.de/gesundheit/psychologie/article148571273/Wenn-dich-die-Trauer-um-den-Verstand-bringt.html
[5] https://zeitzuleben.de/gehirnforschung-trauer/

Fakt geschuldet, dass das limbische System auch die menschlichen Orientierungsfähigkeiten steuert.

Was dazu führt, dass wir Menschen uns von der Trauer so überwältigen lassen, ist mit den genannten drei Bereichen noch ungeklärt. Hirnstamm, Kleinhirn und limbisches System steuern lediglich, was passiert, und erklären, wieso es passiert. Aber wieso ist es bei der Trauer ausgerechnet derart stark ausgeprägt? Dies ist mit der Hinzuziehung des Neokortex erklärt. Der Neokortex bestimmt darüber, in welchem Ausmaß wir handeln und denken. Somit ist durch den Neokortex der komplette Kontrollverlust erklärt, der die Hilflosigkeit zum Ausdruck bringt.

Was hilft, sind gezielte Beeinflussungen des Hormonspiegels in Hinblick auf die Glückshormone Serotonin und Dopamin. Eine solche Beeinflussung ermöglichen Aktivitäten und Maßnahmen, wie z. B. Ernährung und Sport. Ebenso hilfreich wirken die im nächsten Kapitel dieses Ratgebers geschilderten Wege zur Trauerüberwindung.

Psyche: Stark betroffen, weitreichende Wirkung

Zu den ersten Gefühlen, welche Trauernde in der ersten Phase empfinden werden, gehört die Niedergeschlagenheit. Es fehlt jedweder Antrieb. Phasenweise zeichnen sich Parallelen zu der Erkrankung „Depression" ab, die ein medizinischer Ernstfall ist. Hier allerdings Entwarnung: So schnell manifestiert sich bei Ihnen keine Depression; es sei denn, Sie haben bereits eine Krankenakte, die in diese Richtung verweist. Sollten Sie zuvor an Depressionen gelitten haben oder immer noch leiden, ist angeraten, dass Sie in Ihrer Trauersituation direkt professionelle Hilfe beantragen oder sich Gesellschaft in Form von Angehörigen und engen Freunden suchen. Waren Sie vor dem Trauerfall psychisch gesund, müssen Sie sich in der ersten Phase der Niedergeschlagenheit keine Sorgen um Depressionen machen. Zunächst ist diese Phase normal und muss gelebt werden.

Allerdings können Depressionen auch bei gesunden Menschen zu einem realen Problem werden. Diese Gefahr besteht, sofern Sie die Trauer leugnen. Es sei an dieser Stelle nochmals die Wichtigkeit dessen betont, dass Sie sich auf den Trauerprozess einlassen und sich unter keinen Umständen von den Ansprüchen der heutigen Gesellschaft locken lassen, schnell funktionieren zu müssen. Denn selbst, wenn Sie sich in die Arbeit hineinstürzen und die Ablenkung funktioniert, besteht folgendes Problem: Ihr Unterbewusstsein wird die psychische Belastung wahrnehmen und entsprechend wird sich tief in Ihnen drin eine Last aufbauen, die Sie nicht mal wahrnehmen, weil Sie die Trauer verdrängen. So werden neben der Trauer ebenso andere Probleme von Menschen verdrängt. Sie haben die Chance, es anders zu machen!

Sofern Sie sich mit der Trauer befassen, werden ab der zweiten Phase des Trauerprozesses bei Ihnen viele Emotionen aufeinandertreffen, die von Wut über Schuldgefühle bis hin zu Enttäuschung und Traurigkeit führen können. Sie sind nach wie vor stark betroffen, doch diese Gefühlsschwankungen sind unvermeidbar und werden Sie Ihrem Ziel – der Akzeptanz der Unvermeidbarkeit und des Todes – näherbringen.

Bei alledem besteht die Möglichkeit, dass einem Trauma ähnliche Symptome hervorgerufen[6] werden. Diese führen schlimmstenfalls zu Albträumen und starkem Vermeidungsverhalten. Sollten einem Trauma ähnliche Zustände beobachtet werden, ist dies auf die Intensität der Bindung zu Ihren Eltern zurückzuführen. Zwar bringt das Trauma zunächst eine größere psychische Schieflage mit sich, doch auf der anderen Seite ist es ein positives Zeichen, weil es von einer besonders intensiven Bindung zwischen Ihnen und Ihren Eltern zeugt. Dies spricht für Sie als eine Person, die fähig ist, große Liebesgefühle für Menschen zu entwickeln. Bewahren Sie sich dies und lassen Sie sich die Fähigkeit für solche Emotionen nicht dauerhaft nehmen.

Schließlich zeigt sich, dass die Psyche auf vielfache Weise betroffen ist: Verschiedene Phasen mit verschiedenen Zuständen, potenzielle Traumata, Stress und ein Gefühlschaos

---

[6] https://www.therapie.de/psyche/info/ratgeber/lebenshilfe-artikel/trauer/artikel/

ohnegleichen treten bei dem Großteil der trauernden Menschen ein. Da die Verbindung zwischen Körper und Geist eng ist, werden sich diese Emotionen in Reaktionen des Körpers widerspiegeln.

Körper: Unerwartete Reaktionen und deren Hintergründe

Jede Emotion und deren Ausmaß haben eine andere Wirkung auf den menschlichen Körper. Große Unterschiede lassen sich zwischen der ersten und zweiten Trauerphase ausmachen. So hat die erste Phase, die des Nicht-Wahrhaben-Wollens, vermehrt Symptome, die denen einer Depression gleichen:

- Antriebslosigkeit
- Schlaflosigkeit
- Appetitlosigkeit

Die Niedergeschlagenheit führt dazu, dass wenig Energie gegeben ist. Da parallel dazu weniger Nahrung zugeführt wird, sinkt die Leistungsfähigkeit des Körpers umso mehr. In Kombination mit der Schlaflosigkeit ist die Regeneration auf einem absoluten Tiefststand. Sorgen Sie dafür, falls Sie sich in einer solchen Situation befinden, dass Sie sich in erster Linie möglichst ausgewogen und gesund ernähren. Zwingen Sie sich dazu, sich vor allem warme Gerichte zu machen. Es muss nicht unbedingt ein Frühstück sein, wenn Sie sich am Morgen kaum aufraffen können. Aber ein kalorienreiches warmes Mittagessen und am Abend eine warme Suppe schaffen im Körper Wärme; eine Wärme, die Sie vitalisiert. Falls Sie sich selbst nicht dazu in der Lage fühlen, sich Essen zuzubereiten, dann laden Sie enge Freunde oder Angehörige regelmäßig ein und bitten Sie um Unterstützung. So nehmen Sie sich selbst eine Menge Last ab und legen den Grundstein dafür, die erste Phase zu beenden und mit der zweiten Phase die Trauer weiter zu verarbeiten.

Ab der zweiten Phase, aber ebenso zwischendurch oder sogar verstärkt in der ersten Phase, spielen die folgenden Körperreaktionen eine Rolle:

- Übelkeit
- Schwitzen
- Kopfschmerzen
- Magen-Darm-Schmerzen
- Schwindelgefühle
- Kreislaufprobleme

Diese körperlichen Beschwerden lassen sich darauf zurückführen, dass eine Stressreaktion des Körpers eintritt. Angst, Trauer, Überforderung und weitere Probleme werden vom Körper ab einem bestimmten Ausmaß und Stadium in Form einer Stressreaktion verarbeitet. Allem voran angesichts der großen Bandbreite an Emotionen, die bei der Trauer eintreten können und dies meistens tun, entsteht bei der Trauer viel Stress. Durch eine verstärkte Ausschüttung des Hormons Adrenalin kommt es zu einem erhöhten Blutdruck und schnelleren Herzschlag. Auch der Blutzuckerspiegel steigt an. Insbesondere, wenn die Trauer gerade Angst oder Wut verursacht, macht sich dieser Effekt bemerkbar. Bereits kurzfristig manifestieren sich Probleme mit dem Herz-/Kreislaufsystem. Wenn Sie sicherstellen, dass Sie mit der Trauer konstruktiv und offen umgehen, haben Sie aber eine Chance, diese Effekte zu mindern und dauerhafte gesundheitliche Probleme zu vermeiden. Eine vermehrte Anfälligkeit für Krankheiten resultiert bei der Trauer aus der vermehrten Ausschüttung von Insulin, welches die Produktion der Interleukine stört, die wiederum für das Immunsystem essenziell sind[7]. Möchten Sie den Stressreaktionen des Körpers aus dem Weg gehen, ist eine Senkung des Stresspegels erforderlich. Dabei helfen die im ersten Kapitel genannten Tipps zur Aktivität: Setzen Sie Ihren Körper gemäß Ihren gesundheitlichen und altersbedingten

---

[7] https://www.spektrum.de/magazin/stress-und-hormone/820829

Möglichkeiten in Bewegung. Dies kann Sport sein, muss es aber nicht. Ebenso sind Gartenarbeit, Spaziergänge und Ausflüge ein Ausdruck von Aktivität. Gehen Sie dabei möglichst an die frische Luft, damit Sie Ihre Sinne wieder in Schwung bringen! Ein Vogelzwitschern hier, die frische Herbstluft dort und prächtige Farben, soweit das Auge reicht, bekämpfen den Stress. Darüber hinaus sorgt Bewegung für die Ausschüttung von Glückshormonen, was im Umkehrschluss direkt die Trauer mindert. Verwöhnen Sie Ihren Körper zudem: Die erwähnten Kurbäder, aber ebenso ein Abend im Warmen auf der Couch bei einem Film, der Ihnen bei der Trauerverarbeitung hilft, Entspannungsübungen und was Ihnen sonst noch in den Sinn kommen mag, sind Möglichkeiten, die Sie inspirieren sollten. Machen Sie einen Abend mit den besten Freundinnen oder Ihren Geschwistern, bei dem Sie sich eine angenehme Atmosphäre in gemütlichen Sitzen schaffen und einfach reden – gleichermaßen Balsam für die Seele wie für den Körper!

Alles in allem sind keine Wunder zu erwarten und Sie dürfen damit rechnen, dass die genannten Reaktionen des Körpers bei Ihnen eintreten werden. Aber mit Gegenmaßnahmen, die Sie in einem Ihnen zumutbaren Maße – was dies ist, entscheiden Sie höchstpersönlich – in Bewegung setzen, wird es Ihnen gelingen, sich Schritt für Schritt aus dem Strudel an Symptomen zu erholen und zu befreien.

Lösungen für verschiedene Gefühlszustände

Ganz im Sinne des ersten Kapitels, welches sich auf die Phase direkt nach der Beerdigung bezog und Ihnen abschließend eine Erste-Hilfe-Anleitung mit auf den Weg gab, erhalten Sie nun Lösungsvorschläge, um sich bei einzelnen schwierigen Emotionszuständen selbst zu helfen. Angesichts der Tatsache, dass Sie sich in diesem Kapitel umfassend mit der Trauer befasst haben, sind Sie nun über Emotionen im Bilde, die Ihnen widerfahren können. Die Lösungen sind in der Theorie einfach umsetzbar, in der Praxis aufgrund des Trauerzustands komplizierter. Verfahren Sie deswegen mit den folgenden Lösungsvorschlägen so, dass es Sie nicht überrumpelt, sondern behutsam zu einem besseren psychischen und körperlichen Empfinden führt.

Emotionen Angst & Selbstzweifel: „Ich habe Angst, allein nicht zurechtzukommen, oder meine Eltern im Nachhinein dadurch zu enttäuschen, dass ich Entscheidungen treffe, die ihnen nicht gefallen hätten."
Lösung: Die wichtigste Botschaft ist die, dass Ihre Eltern Sie immer lieben werden. Selbst bei vorhandenen Familienstreits und einer ausgebliebenen Versöhnung vor dem Tod waren und sind über den Tod hinaus die Bande zu den Eltern unzerstörbar. Alles, was Sie von Ihren Eltern gelernt haben, bleibt in Ihnen bestehen und wird Ihnen in Kombination mit den eigenen Erfahrungswerten helfen, im Leben die richtigen Entscheidungen zu treffen. Dies ist auch der Grund, weswegen Sie ohne Ihre Eltern zurechtkommen werden, denn sie leben einerseits in Ihnen weiter, andererseits haben Sie ein eigenes Leben mit eigenen Verantwortungsbereichen. In diesem Leben sind weitere Personen aus der Familie und Ihrem Umfeld für Sie da. Zudem müssen auch Sie für andere Personen da sein. Ihre Eltern haben Sie immer geliebt und werden Sie nach wie vor lieben. Dies ist unabhängig von den Entscheidungen, die Sie treffen.

Übung zur Lösung!

Schreiben Sie auf einem Zettel auf, welche Menschen Ihnen aktuell wichtig sind. Notieren Sie auf einem anderen Zettel, welchen Menschen Sie wichtig sind. Tragen Sie auf jedem der Zettel ein, wieso diese Menschen Ihnen wichtig bzw. Sie persönlich anderen Menschen wichtig sind.

Emotion Einsamkeit: „Ich fühle mich allein, weil mir durch den Tod meiner Eltern eine immens wichtige Beziehung weggebrochen ist, die mich in vielen Lebensbereichen erfüllt hat."

*Lösung: Das Gefühl der Einsamkeit ist unvermeidbar und – so negativ es sich anfühlen mag – eine wichtige Erkenntnis. Denn an dieser Stelle merken Sie, wie wenig Sie sind, wenn Sie allein sind. So, wie Sie zur Trauerbewältigung andere Menschen benötigen, sind Sie auch im allgemeinen Leben auf Menschen angewiesen. Sie überwinden die Einsamkeit, indem Sie sich anderen Personen mitteilen. Wählen Sie dazu enge Vertraute aus. Der Begriff „mitteilen" muss in diesem Kontext wörtlich genommen werden: Es geht darum, etwas **mit jemandem anderen zu teilen**. Teilen Sie Ihre Trauer und Ihre Erinnerungen mit einem Gesprächspartner, der dazu die Bereitschaft hat, so sind Sie keineswegs mehr einsam, sondern in freundlichen Armen.*

> *Übung zur Lösung!*
>
> *Überlegen Sie und schreiben Sie auf, in welchen Lebensbereichen Ihnen Ihre Freunde und verbliebenen Angehörigen wichtig sind. Wie bereichern sie Sie im jeweiligen Lebensbereich? Wer ist im Privatleben eine wichtige Stütze und auf welchem Wege? Wer war bisher, wenn Sie traurig waren, neben Ihren Eltern für Sie da? Suchen Sie in der Trauer vermehrt den Rückhalt bei diesen Personen.*

Emotionen Wut & Zorn: „Meine Wut über den Tod und den Verlust hat solche Ausmaße, dass ich die ganze Wohnung zerlegen und andere Leute angreifen könnte."
Lösung: Die Wut und die Dränge, die sie mit sich bringt, sind ein natürlicher Bestandteil des Trauerprozesses. Im Zuge dessen kann es zu Entgleisungen kommen, die Sie an Ihrer Einrichtung, an anderen Gegenständen oder an anderen Menschen auslassen. Vermeiden Sie solche Entgleisungen und verlassen Sie das Haus, wenn Sie den Anflug von Wut verspüren. Sofern Sie auch nur ansatzweise Wut empfinden, ist davon auszugehen, dass diese nicht von allein schwindet, sondern stattdessen größer werden wird. Lassen Sie sie deswegen an einem Ort und einer Sache aus, die Sie nicht schädigen können und bei der Sie

wenig Aufmerksamkeit erregen. Ist dies bei der jüngeren Generation zum Beispiel der Boxsack im Keller, können sich ältere Personen eine innere Befreiung verschaffen, indem Sie nach draußen an einen abgelegenen Ort gehen und dort wüten: Mitgebrachte Gegenstände können zerstört werden oder es kann einfach geschrien werden. Alternativ sind Entspannungsübungen möglich. Doch die Erfahrungen zeigen, dass nur Personen, die bereits seit Jahren Entspannungsübungen praktizieren, dies erfolgreich zur Bekämpfung ihrer Wut nutzen können. Personen, die mit Entspannungsübungen wenig oder gar nicht vertraut sind, werden eher keinen Erfolg haben, was die Wut nur vergrößern wird. Greifen Sie deswegen zur Wutbekämpfung bevorzugt auf Altbewährtes zurück.

Übung zur Lösung!

Befreien Sie sich von der Wut, indem Sie sich einen festen Ort aussuchen, an welchem Sie Ihrer Wut regelmäßig freien Lauf lassen. Definieren Sie dafür einen festen Wochentag oder – falls Sie dies als notwendig empfinden – zwei feste Wochentage. Suchen Sie sich einen abgelegenen Ort (z. B. Wald, verlassenes Fabrikgelände) aus. Achten Sie darauf, dass der Ort möglichst sicher ist, und gehen Sie nicht bei Dunkelheit dorthin. Sie werden im Verlaufe der Wochen oder sogar noch schneller merken, dass die Wut in Ihnen schwindet.

Emotionen Schuldempfinden & schlechtes Gewissen: „Ich habe mich mit meinen Eltern vor deren Tod gestritten und das allgemeine Gefühl, zu Lebzeiten nicht genug für sie getan zu haben."

Lösung: Es ist eine menschliche Eigenschaft, in Phasen der Trauer und des Verlusts sich selbst die größten Belastungen aufzuerlegen. Alle eigenen Verfehlungen werden noch stärker ausgelegt, als es sonst der Fall wäre. Ja, es stimmt: Ein Streit mit den Eltern bei dem letzten Mal, an dem man sie sieht, wiegt zu Recht schwer und lässt Schuldgefühle aufkommen. Weisen Sie sich aufgrund eines solchen oder eines ähnlichen Geschehnisses die Schuld zu, dann ist das nur allzu verständlich. Es gibt keinen Menschen, der in einer entsprechenden Situation nicht genauso fühlen würde wie Sie. Nichtsdestotrotz muss konstatiert werden, dass sich hinter dieser unglücklichen Fügung nichts anderes als lediglich Pech verbirgt. Selbst die vorbildlichsten und nach außen hin am harmonischsten wirkenden Familien streiten. Sie haben ebenfalls bereits in Ihrem Leben gestritten und werden dies nach wie vor tun, weil es eine natürliche Komponente des menschlichen Zusammenlebens ist. Der Grund, weswegen Sie ein Schuldempfinden belastet, ist das ungünstige Timing. Hätten Sie gewusst, dass Ihren Eltern etwas zustoßen würde, dann hätten Sie den Streit gar nicht angefangen oder Sie hätten sich vor dem Tod vertragen. Doch wir Menschen sind ebenso wenig in der Lage, hellzusehen, wie wir in der Lage sind, all unsere Emotionen immer zu kontrollieren. Wenn Ihre Eltern von der Welt gegangen sind, dann war dies nicht mit dem Gedanken an den Streit, sondern mit dem Gedanken an Sie und daran, dass Sie ein hoffentlich erfülltes Leben in Glück führen werden. Egal, was war: Zu Lebzeiten sind wir Menschen gewohnt, die negativen Dinge zu sehen. Aber im Angesicht des Todes entdecken wir die Wahrheit, die darin besteht, die Erfolge zu sehen und für die Hinterbliebenen das Beste zu hoffen. Egal, was Sie gemacht haben: Ihre Eltern haben den Frieden gefunden und Ihnen diesen ebenso gewünscht.

Übung zur Lösung!

Die menschliche Vorstellungskraft ist eine unermessliche Stärke, von der Sie nun Gebrauch machen. Was Sie sich vorstellen können, kann auch Teil Ihrer Psyche werden. Deswegen begeben Sie sich nun auf eine Reise: Nehmen Sie sich an einem Tag oder Abend ausgiebig Zeit und stellen Sie sich vor, wie Sie mit Ihren Eltern sprechen. Denken Sie daran, wie Sie sich mit Ihren Eltern aussprechen. Bereiten Sie sich gern für dieses Gespräch vor, indem Sie sich Ihre Schuldgefühle ins Gedächtnis rufen und sich genau überlegen, wie Ihre Eltern Ihnen kurz vor dem Tod begegnet wären. Beziehen Sie dabei auch die kleinen Schuldgefühle ein, die Sie plagen. Nehmen Sie sich Zeit für die Aussprache,

> *sagen Sie Ihren Eltern, was Sie belastet und holen Sie sich das Verständnis Ihrer Eltern ab. Sie kennen Ihre Eltern und wissen, wie diese Ihnen begegnet wären und wie sie Ihnen verziehen hätten. Es soll nur eine Aussprache sein, aber dafür eine intensive Aussprache. Dies ist Ihre Chance!*

Zusammenfassung: Der Weg führt über eine Akzeptanz der Trauer!

Akzeptanz bedeutet es, sich nicht gegen die Trauer zu wehren, sondern diese durchzumachen und als gestärkte Persönlichkeit mit neuen Interessen aus der Erfahrung herauszugehen. Was Kapitel 2 bereits vermittelte, wiederholte und führte dieses Kapitel weiter aus, indem es die Trauer mit all ihren Phasen als gesamten Prozess unter die Lupe nahm. Dabei durften Sie erkennen, dass am Anfang eine Phase der Lethargie steht, die von Unverständnis für das Geschehene begleitet ist. Nehmen Sie diese Phase an und durchleben Sie diese. Aber schaffen Sie durch warme Speisen, liebevolle Atmosphäre und freundliche Gesellschaft die Grundlage dafür, diese Phase für einen Fortschritt im Trauerprozess schnell zu überwinden. Sobald Sie Ihre Sinne ansprechen, werden Sie ins Leben gedrängt und sich des Verlusts gewiss. Hier beginnt die Verarbeitung der Emotionen überhaupt erst, indem Sie mit Wut, Schuldgefühlen, Angst und/oder anderen Gefühlen konfrontiert werden. All diesen Emotionen können Sie mit den Ratschlägen dieses Kapitels beggnen. Unterstützend werden Sie im weiteren Verlauf dieses Ratgebers hilfreiche Mittel zur Kontrolle der Emotionen auf den Weg erhalten. Wichtig ist nur, dass Sie die Trauer zulassen und ebenso die Emotionen. Bewahren Sie sich bei alledem stets Ihre Vorstellungskraft sowie die Erinnerungen an Ihre Eltern: Diese beiden Komponenten bringen Ihnen Ihre Eltern nahe, obwohl sie eigentlich doch so fern sind.

Neun Wege zur Trauerüberwindung

1 Dieses Kapitel liefert Ihnen neun Wege, um die Trauer zu verarbeiten und einer verstorbenen Person zu gedenken. Die vorherigen Kapitel haben Ihnen mit dem Abschied vor und bei der Beerdigung sowie allem voran dem Trauerprozess bereits die wichtigsten Punkte illustriert. Diese Punkte zeigen, dass Ihre Gefühle normal sind. Ebenso normal ist ein depressiver bzw. lethargischer Zustand am Anfang des Trauerprozesses. In dessen Folge tritt ein Wirrwarr an Emotionen zutage. Um diesen Trauerprozess und sein wichtigstes Element – die Erinnerungen an den Verstorbenen – zu unterstützen, gibt es die folgenden neun Wege zur Trauerbewältigung. Es ist angeraten, dass Sie sich diese Schritt für Schritt durchlesen und sie auch in der vorgesehenen Reihenfolge umsetzen. Insbesondere die letzten drei Unterkapitel erfordern eine gewisse Offenheit gegenüber alternativen Sichtweisen und einen bereits vorhandenen Fortschritt im Trauerprozess. Sagt Ihnen jedoch auf Anhieb einer der Schritte aus der Mitte des Kapitels zu, dann nutzen Sie diesen. Denn letzten Endes ist nur wichtig, dass Sie etwas machen, was Sie mit der Trauer konstruktiv umgehen und mit Frieden in den geregelten Alltag zurückfinden lässt.

1. Schritt: Fotografien und Videos – Wie Sie Ihre Erinnerungen bereichern und zum Lachen zurückfinden

Aus den ersten Kapiteln klangen die Erinnerungen und die persönliche Vorstellungskraft als wichtigste Faktoren heraus, um sich eine verstorbene Person auch über ihr Leben hinaus zu bewahren. Diese beiden Faktoren verstärken Sie, indem Sie auf Fotografien und Filmmaterial zurückgreifen, welches die verstorbene Person zeigt. Noch viel tiefgreifender geht die Tatsache, dass Sie mit Fotos und Videos sogar die Person in einer anderen Rolle kennenlernen, als es bisher der Fall war. Kannten Sie die Person nur in der Vater- oder Mutterrolle, so ändert sich dies nun dadurch, dass Sie über Fotos und Videos einen Einblick in die Lebensphasen und Entwicklungszeiträume der Person erhalten. Dadurch erschließen Sie sich einen neuen Blick auf den Lebenskontext der Person. Zudem ermöglichen Sie anderen Angehörigen oder Freunden der Verstorbenen, sich besser zurückzuerinnern, was dazu führt, dass Sie von den Angehörigen und Freunden mehr über Ihre Eltern erfahren. Sprachen Sie früher nur über Ihre Erinnerungen an Ihre Eltern und wurden diese aus der Elternrolle betrachtet, so kommt es durch die Vorlage von Bildern nun dazu, dass Ihre Gesprächspartner aus dem Nähkästchen plaudern:

- ❖ Von Ihren Onkeln und Tanten erfahren Sie, wie Ihre Eltern in der Geschwisterrolle waren: Von lustigen Streitigkeiten im Kindesalter über den Austausch über die ersten Liebeserfahrungen bis hin zu Informationen über Ihre Großeltern!
- ❖ Lauschen Sie Ihren Kindern, dann teilen diese Ihnen mit, wie sich die Eltern in der Rolle von Oma und Opa zu behaupten wussten: Von den heimlichen Naschereien, obwohl Sie dies verboten hatten, bis hin zu den mühevollen, aber amüsanten Erklärungen, wie Oma und Opa ihr erstes Handy nutzen sollten!

❖ Leben Ihre Großeltern noch, dann bekommen Sie mit, wie sich Ihre Eltern als Kinder geschlagen haben: Von der Pubertät über die ersten Meilensteine im Beruf bis hin zu Ihrer Geburt, die einen fantastischen Lebensabschnitt einläutete!

Holen Sie regelmäßig die Fotos und Videos heraus, so werden Sie bei jedem Mal etwas Neues über Ihre Eltern lernen können. Gleichwohl werden Sie erkennen, wie wichtig es ist, regelmäßig Fotos zu schießen und Videos zu filmen. Fangen Sie spätestens von nun an damit an, jeden wichtigen Moment Ihres Lebens und den Ihrer eng Verwandten und Vertrauten sowie Freunde mit der Kamera aufzunehmen oder zu fotografieren. Daraus werden einzigartige Geschichten entstehen, über die sich in Zukunft zahlreiche Generationen freuen werden.

Eigene Filme schaffen

Was Sie bei Vorliegen von Video- und Filmmaterial machen können, ist zudem die eigene Kreation von Filmen. Es gibt Ihnen eine Aufgabe und ist allem voran in der Anfangsphase der Trauer eine sehr gute Möglichkeit, die Trauer zu verarbeiten. Tauschen Sie sich mit Ihren engsten Freunden und der Familie darüber aus, wie der Film werden soll, in welcher Reihenfolge einzelne Fotos erscheinen sollen und hinterlegen Sie passend dazu eine Musik.

> **Aus dem Leben anderer ...**
>
> Die Schaffung solcher „Lebensfilme" hat sich Tobias Pollmüller, studierter Medienpädagoge, zum Beruf gemacht und schreibt darüber im Werk *Nimm den Tod persönlich* (Roth, Schwikart, 2009): Er bekam die Nachricht von seinem überraschend schwer erkrankten Vater. Tobias Pollmüller, 32 Jahre jung, dachte auf dem Weg ins Krankenhaus darüber nach, wer dieser Mensch überhaupt außerhalb der Vaterrolle war. Er selbst kannte ihn nur in dieser Rolle, doch sein Vater war zugleich sehr viel mehr als nur der Vater. Plötzlich kam Tobias Pollmüller ein Gedanke: Priester versuchen bei der Trauerrede ein Bild von Verstorbenen zu erzeugen; aber wieso tun sie dies mit einer Rede und nicht direkt mit Bildern, die ohnehin viel mehr Raum für Vorstellungskraft lassen? Sein Vater überlebte letztendlich, doch Tobias Pollmüller erzählte ihm von seinen Sorgen, Gedanken und dem Plan, den er aus den Überlegungen auf dem Weg ins Krankenhaus entwickelt hatte: Er hätte einen Film aus den Fotos gemacht, die von seinem Vater existierten, und diesen auf der Trauerfeier gezeigt. Sein Vater war begeistert von dieser Vorstellung.

Bei offener Betrachtung ist diese Idee nur vorteilhaft, da durch die Fülle an Bildern bei einer Beerdigung jede Person angesprochen wird. Der Verstorbene wird nicht nur durch den Blickwinkel des einen Trauernden betrachtet, sondern durch die Bilder zur Sichtweise aus mannigfaltigen Blickwinkeln animiert. So kam es dazu, dass Tobias Pollmüller die Firma LEBENSFILM gründete, die seit neuestem keine Aufträge mehr annimmt, da sie durch die Vielzahl an Projekten bereits ausgelastet ist. Die Firma bot als Dienstleistung eine Filmerstellung aus Fotos an. Diese wurden nicht einfach nur nach und nach gezeigt, sondern es wurde auf verschiedene Weise heran- und herausgezoomt, um für jedes Bild eine zusätzliche, neue Sichtweise zu erwecken. Musikalische

Hinterlegungen nach Wunsch und weitere Effekte rundeten das Gesamtpaket ab. Die Filme dauerten rund zehn Minuten lang.

> **Übung!**
> Erstellen Sie einen Lebensfilm für die verstorbene Personen, um die Sie trauern. Die Mindestlänge beläuft sich auf drei Minuten. Haben Sie kein technisches Vorwissen, dann genügt es, wenn Sie zunächst einige Fotos auf einem Tisch auslegen, im Hintergrund eine Musik laufen lassen und die Fotos nacheinander mit der Kamera durchlaufen. Nehmen Sie sich wirklich Zeit, damit jedes Bild intensiv wirken kann. Sollten Sie damit zufrieden sein und Lust auf mehr haben, dann können Sie Videoprogramme zum Schneiden verwenden. Falls Sie sich selbst nicht genügend damit auskennen, holen Sie sich Unterstützung von einer Person, die Ahnung davon hat, was allem voran bei jüngeren Personen der Fall ist.

„Lebensfilme", wie sie Tobias Pollmöller nennt, sind nicht nur für Beerdigungen geeignet. Es ist ebenso ein ausgezeichnetes Mittel, um mehrere Wochen nach der Beerdigung mit mehr oder weniger Aufwand ein wundervolles Andenken an Verstorbene zu schaffen. Dieses können Sie Familienmitgliedern beim Besuch zeigen oder an Angehörige per Mail, Post oder Messenger-Dienst auf Handys verschicken. Ebenso sind Lebensfilme für Sie persönlich, Ihre Kinder oder Freunde anwendbar, um abgeschlossene Lebensabschnitte wie die Kindheit, ein Studium, einen Karriereweg oder ein Projekt zu visualisieren.

Die Ehrfurcht vor dem Augenblick

Grundsätzlich haben gut geschossene Bilder eine schier unglaubliche Strahlkraft. Leider sind nicht alle Fotos gut geschossen. Suchen Sie sich deswegen, falls Sie einen Film aus Fotos kreieren oder Fotos aus anderen Gründen aus einer großen Auswahl auswählen, die Fotos aus, die besonders gut gelungen sind. Nun mögen Sie sagen, dass es Geschmackssache ist, welche Fotos gut und welche schlecht sind. Dies stimmt zwar, aber nichtsdestotrotz existiert jene Sorte Fotos, bei der die Begeisterung groß ausfällt ...

Ein gut geschossenes Foto zeichnet sich durch die Ehrfurcht vor dem Augenblick aus: Die Person, die das Foto gemacht hat, war bei dem jeweiligen Ereignis dabei. Jedes Ereignis hat den einen oder gar mehrere Augenblicke, die etwas Besonderes zum Ausdruck bringen. Stand beispielsweise eine Familienfeier an und es wurden Personen fotografiert, so hat exakt jenes Foto die größte Wirkung, welches die Personen am innigsten darstellt und die Atmosphäre des Abends am besten auffängt. Segmentieren Sie nach diesen Grundsätzen alle Fotos und stellen Sie aus den besten Fotos Ihre Filme zusammen. Schießen Sie die Fotos auch nach diesem Maßstab: Wenn Sie von jetzt an Ereignissen mit Ihrer Familie und Freunden festhalten, dann achten Sie darauf, die Fotos perfekt zu machen und die Emotionen sowie die Atmosphäre dieses Abends im Foto zum Ausdruck zu bringen. Es ist zwar wichtig, den Augenblick intensiv zu erleben, doch ebenso wichtig ist es, später unvergleichliche und maximal beeindruckende Erinnerungen an diesen Augenblick zu haben.

Ob bei Verstorbenen oder bei Lebenden: Sorgen Sie für unvergleichliche Foto- und Videoaufnahmen, um die kostbaren Momente zu bewahren! So entstehen wundervolle Lebensfilme. Und nun: Legen Sie mit dem Lebensfilm über Ihre Eltern los, um sie von einer anderen Seite kennenzulernen!

2. Schritt: Erinnerungsfeiern – Wie Sie auf ein erfülltes Leben zurückblicken

Eine Erinnerungsfeier findet in einem Abstand zum Tod statt, der mindestens einige Monate beträgt. Besonders sinnvoll ist sie am Todestag. Sind Sie und andere Personen vom Tod der geliebten Person derart stark getroffen, dass Sie sich monatelang niedergeschlagen fühlen, können im ersten Jahr zwei Erinnerungsfeiern sinnvoll sein. Welchen Weg Sie wählen, entscheiden Sie allein. Hier erfolgt lediglich der Ratschlag, am ersten Todestag – also ein Jahr nach dem Tod Ihrer Eltern – und danach mindestens alle drei Jahre zum Todestag eine Erinnerungsfeier durchzuführen. In diesen zeitlichen Abständen ist ein Mindestmaß gegeben, damit der Verstorbenen gedacht wird und die Erinnerungen Bestand haben.

Nun stellt sich die Frage, was eine solche Erinnerungsfeier beinhalten und wie sie organisiert sein soll. Darüber hinaus muss ein Programm festgelegt werden, um die Besucher zu unterhalten ... *Bereitet das alles viel Arbeit und Organisationsaufwand?*

Seien Sie ganz beruhigt: Zwar muss auch eine Erinnerungsfeier organisiert werden, doch lebt sie nicht wie andere Feiern von einem aufwändig zu gestaltenden Programm, das mit hohen Kosten einhergeht. Vielmehr handelt es sich um eine Veranstaltung, die von der Gesellschaft mit den Personen lebt und durch den Erinnerungsaustausch getragen wird. Dennoch haben Sie im Rahmen der Erinnerungsfeier Gestaltungsmöglichkeiten, um die Feier nach einem bestimmten roten Faden oder einer angestrebten Intention auszurichten.

Zunächst schaffen Sie mit den richtigen Gästen die optimale Grundlage: Laden Sie sämtliche Personen ein, die mit Ihren Eltern in Verbindung standen. Auch wenn einzelne geladene Gäste untereinander zerstritten sind, sollte Sie dies nicht aufhalten. Die besten Voraussetzungen, um in gemeinsamem Erinnerungsaustausch wieder Frieden untereinander zu schließen, ist im versöhnlichen und friedlichen Rahmen einer Erinnerungsfeier. Wählen Sie bei der Organisation einen geeigneten Ort. Sollten nicht zu viele Gäste geladen sein, dann ist unter Umständen die Einladung in Räumlichkeiten möglich, wo Ihre Eltern früher gewohnt haben. Sind zu viele Personen geladen oder die Räumlichkeiten nicht mehr zugänglich, dann gestalten Sie einen anderen Ort beispielsweise nach dem Vorbild des Wohnzimmers Ihrer Eltern um. So wird bereits die Atmosphäre der Erinnerung geschaffen.

Was ansonsten ins Rahmenprogramm einer Erinnerungsfeier passt, sind die folgenden Dinge:

- Auskleidung der Umgebung mit Erinnerungsstücken an die Eltern; z. B. Fotos, Sammlungen, ein Lebensfilm.
- Integrieren Sie weitere Dinge, die Ihre Eltern geliebt haben, in den Veranstaltungsrahmen; z. B. Lieblingsessen, Lieblingsmusik.
- Teilen Sie – falls vorhanden – persönliche Dinge Ihrer Eltern; z. B. verfasste Briefe oder Dokumente, Videos mit Ihren Eltern.
- Integrieren Sie einen roten Faden in die Erinnerungsfeier; z. B. Programmpunkte, die nach jeder Stunde für fünf bis zehn Minuten durchgeführt werden und ein Thema behandeln.
- Animieren Sie die Gäste zu Gesprächen, in denen sie sich untereinander über Ihre Eltern und die Erlebnisse mit Ihren Eltern austauschen.
- Führen Sie gemeinsam Rituale durch; Beispiele für solche Rituale erhalten Sie im weiteren Verlauf dieses Kapitels.
- Wechseln Sie zwischendurch den Ort, indem Sie kurz an die frische Luft oder in einen anderen Raum gehen, wo Sie etwas Besonderes vorbereitet haben.

Schaffen Sie zudem einen Beginn und ein klar definiertes Ende der Erinnerungsfeier. Im Gegensatz zu einer üblichen Feier, wo sich das Gemenge nach und nach auflöst oder es durch den Alkohol feuchtfröhlich wird, ist hier ein würdevoller Umgang gegeben, der ohne ein klar definiertes Ende für Unbehagen sorgt. Definieren Sie bereits zuvor, wie lange die Erinnerungsfeier andauern soll, was in der Regel nicht in Form einer Zeitangabe, sondern durch einzelne Programmpunkte erfolgt. Insbesondere bei einer Erinnerungsfeier können die einzelnen Programmpunkte mehr Zeit in Anspruch nehmen als zuvor gedacht. Definieren Sie deswegen den Beginn zeitunabhängig anhand der Programmpunkte und laden Sie danach gern zu einem lockeren Ausklang ein, der allen Gästen freisteht.

> **Aus dem Leben anderer …**
>
> Im Buch *Nimm den Tod persönlich* (Roth, Schwikart; 2009) wird die individuelle Trauergeschichte der Mutter Gisela Scheele erzählt, die ihre Tochter Esther im zarten Alter von 11 Jahren verlor. Sie führte eine Erinnerungsfeier durch, die sie mit drei Freundinnen plante. Dabei gestaltete sie den Raum, indem sie ihn mit geschriebenen Botschaften sowie Zettelchen ihrer Tochter dekorierte. Sie servierte den Gästen eine Auswahl aus den Lieblingsspeisen der Tochter zum Essen, worunter extralange Spaghetti, Möhren mit Kartoffeln und Mandarinen-Joghurt-Süßspeisen fielen. Es kamen nach Beobachtungen von Gisela Scheele Personen ohne Probleme ins Gespräch, die sich nicht kannten. Grund dafür: Mit Esther hatten sie ein gemeinsames Gesprächsthema. Eine Überraschung für Gisela Scheele war, als sie von der ehemaligen Klassenlehrerin von Esther ein Geschenk für Esther erhielt, welches die Schüler angefertigt hatten. Gisela Scheele wusste, Esther würde an diesem Tag stolz auf sie sein!

Nun stellen Sie sich diese Erinnerungsfeier vor, die bei dem Überbrücken der Trennung von Ihrer geliebten Person hilft: Lauter Menschen unterhalten sich angeregt über die Person und es ist angesichts des zeitlichen Abstands zur Beerdigung so, als würde alles normal sein. Bruder und Schwester tauschen sich über das erste Mal Schwimmenlernen mit der Mutter oder das erste Mal Fahrradfahrenlernen mit dem Vater aus und es scheint so, als würden die Elternteile vielleicht gleich hinzukommen. Dieser Moment, in welchem die Trennung überwunden wird, vermag die Vergangenheit nicht ungeschehen zu machen, aber die Gegenwart ein Stück weit zu verändern.

Sollten Sie den Mut fassen – allein oder mit Unterstützung – eine Trauerfeier zu organisieren, dann treffen Sie eine Entscheidung, die das Potenzial hat, Ihnen unvergesslich positive Momente zu bescheren. Zu Beginn können Sie eine solche Erinnerungsfeier gern in einem kleineren Rahmen abhalten, um die Generalprobe für eine größere Feier zu machen.

Bewegende Worte in einem ungezwungenen Rahmen

Bei der Trauerfeier ist die Trauerrede ein großes Thema: Einige Trauernde lassen nur den Priester sprechen, der der Situation gewachsen ist. Andere wiederum sprechen selbst. Darüber hinaus gibt es die Möglichkeit, Gastredner sprechen zu lassen. Dies können fernere Angehörige oder gute Bekannte der Eltern sein.

Bei einer Erinnerungsfeier werden vom Ausrichter – also unter Umständen von Ihnen – Worte gesprochen. Zudem kommen, je nach Wunsch, ebenfalls andere Personen zur Sprache. Der Vorteil der Reden bei einer Erinnerungsfeier gegenüber den Reden bei der Trauerfeier ist die zeitliche Distanz und der lockerere Rahmen. Somit kommen Sie bei einer Erinnerungsfeier besser zu Wort, weil Sie die Situation nicht derart stark belastet wie zu Zeiten der Trauerfeier. Andere Personen kommen ebenfalls besser zu Wort, da mehr Zeit gegeben ist, das Programm nicht so strikt ist und der Anlass wesentlich ungezwungener ist. Schlussendlich ist eine Erinnerungsfeier dafür prädestiniert, dass bewegende Worte von einer Vielzahl an Personen der Menge mitgeteilt werden. Bei der Erinnerungsfeier kommt jede Person zu Wort – und genau daraus resultiert u. a. der unermessliche Reichtum, mit dem Sie und alle Anwesenden durch die Erinnerungsfeier beglückt werden.

Die Gäste animieren, sich mitzuteilen

Wie Sie im letzten Kapitel erfahren durften, hat das Sprechen mit Menschen den Vorteil, dass mit diesen geteilt wird. Es werden Emotionen, Erinnerungen, Erkenntnisse, Weisheiten und vieles mehr untereinander geteilt. Tatsache ist, dass Gäste dazu neigen, je ferner sie den Verstorbenen waren, sich zurückzuhalten, da sie meinen, sie hätten nichts Wichtiges mitzuteilen. Dies ist aber häufig ein Trugschluss! Personen, die Ihren Eltern ferner waren, tragen hinsichtlich der Erinnerungen schlummernde Schätze in sich. Denn die Tatsache, dass sie Ihren Eltern fern waren, lässt vermuten, dass sie die Eltern aus bestimmten Situationen kennen, die Ihnen wiederum nicht bekannt sind. Wenn Sie die entsprechenden Personen zu Wort kommen lassen, eröffnen Sie sich die Chance, eine andere Seite Ihrer Eltern kennenzulernen. Wie Sie handeln, entscheiden Sie aber selbst. Falls Sie einigen Personen misstrauen, können Sie mit diesen vorher ein ausführliches Gespräch suchen, um zu klären, in welchem Verhältnis sie zu Ihren Eltern standen, und den Personen dadurch auf den Zahn zu fühlen.

3. Schritt: Aufarbeitung – Wie Sie ein einzigartiges Denkmal setzen

Dieses Unterkapitel führt Sie in die Kunst der Aufarbeitung ein, mit Hilfe derer Sie imstande sind, Ihren Eltern ein einzigartiges Denkmal zu setzen. Grandiose Geschichten überdauern die Zeit. Mit diesen Geschichten überdauern die darin vorkommenden Menschen. Durch die Aufarbeitung der Lebensgeschichte schaffen Sie eine würdige Darstellung des Lebens Ihrer Eltern. So werden Geschichten, die in der Familie über die Jahre weitergereicht werden, stets vom Guten in Ihren Eltern berichten. Dies verschafft Ihnen eine Erleichterung und hält Ihre Eltern in Ehren.

Lebensgeschichten erzählen

Sie haben die Möglichkeit, Geschichten aus dem Leben Ihrer Eltern in kleinen oder größeren Kreisen zu erzählen. Dies ist für Sie selbst, für die Familie und die nachfolgenden Generationen wertvoll. Das Erzählen von Geschichten ist keine

Kunst, aber damit die Geschichten mit ähnlich viel Enthusiasmus weitergegeben werden, müssen Sie ein paar Grundregeln beachten.

Dazu zählt u. a., dass die Geschichte passend zum jeweiligen Zuhörer gewählt wird: Wenn Sie beispielsweise eine Person vor sich haben, die zu Zeiten der DDR und BRD gelebt oder die Wiedervereinigung Deutschlands erlebt hat, so ist dies für die entsprechende Person ein gutes Thema. Haben Ihre Eltern in den Strukturen der DDR, BRD oder im Rahmen der Wiedervereinigung eine besondere Erfahrung gemacht, können Sie dies gern der zuhörenden Person erzählen. Sie versteht den historischen Kontext und wird sich für die entsprechende Geschichte begeistern können.

Haben Sie wiederum Ihre eigenen Kinder, Kinder Ihrer Geschwister oder andere Personen bei sich sitzen, die nach der Wende geboren sind, wäre eine Geschichte über Ihre Eltern im Kontext der Wiedervereinigung fehl am Platz. Unter Umständen würden die Zuhörer – allen Aufklärungsbemühungen zum Trotz – den geschichtlichen Kontext nicht verstehen. So wäre die Geschichte für die Zuhörer langweilig, weil ein Mangel an Identifikation damit gegeben ist. Aber Ihre Eltern haben gewiss zu Kindheitszeiten lustige Dinge gemacht oder Erstaunliches erlebt, worüber es sich zu reden lohnt. Bereiten Sie dies für junge Zuhörer interessant auf, denken Sie sich vielleicht eine lustige Pointe dazu, und schon werden Sie merken, wie Sie die jungen Zuhörer für die Erinnerungen an Ihre Eltern begeistern.

Achten Sie darauf, dass Sie die Geschichten nicht langatmig gestalten. Ist es kurz, prägnant und interessant, wirkt es mehr. Sicher werden Neugierige nachhaken und mehr wissen wollen. Geschichten sprechen sich nicht immer herum, aber manchmal. Mit der Zeit werden Sie merken, welche der Lebensgeschichten Ihrer Eltern am besten ankommen. Durch die möglichen Erzählungen von Generation zu Generation werden Ihre Eltern sehr lange in Erinnerung verbleiben.

Verspüren Sie die Motivation, so können Sie den Familienstammbaum – falls vorhanden – fortführen. Leider haben heutzutage wenige Familien einen eigenen Stammbaum, sodass es Ihnen alternativ freisteht, den ersten Stammbaum anzufertigen. Auf einem großen Schriftstück oder gar einem Plakat und zusätzlich in digitaler Form auf einem Laptop wird so die Familienära festgehalten. Stammbäume sind eine faszinierende Sache, da dadurch jeder Familienangehörige seiner Wurzeln gedenken kann.

Ein Buch schreiben

Eine Gelegenheit, die gesamte Lebensgeschichte Ihrer Eltern niederzuschreiben, besteht in einem Buch. Bücher müssen nicht zwingend in Buchhandlungen stehen und verkauft werden

Schreiben Sie ein Buch für sich persönlich, welches in der Familie hin und her gereicht wird. Oder aber veröffentlichen Sie Ihr Buch als E-Book auf Amazon. Insbesondere durch die E-Books ist es einfach, heutzutage zum Autor zu werden. Sie schreiben Ihr Buch auf dem PC oder Laptop in einer Word-Datei oder einem alternativen Schreibprogramm. Daraufhin formatieren Sie Ihr Buch, wofür Sie sich Anleitungen im Internet anschauen können. Schlussendlich veröffentlichen Sie es. Geht es Ihnen darum, dass möglichst viele Personen die Geschichte Ihrer Eltern lesen, dann veröffentlichen Sie das Buch kostenlos. Ob es dazu kommt, dass Ihr Buch auch nur ansatzweise Erfolg haben und von mehreren Menschen gelesen werden wird, lässt sich nicht vorhersagen. Im Vordergrund steht ohnehin nicht die Vermarktung, sondern die persönliche Aufarbeitung. Durch das Buch bereiten Sie das Leben Ihrer Eltern auf, was mit diversen Vorzügen einhergeht:

- ❖ Sie erkennen Zusammenhänge: Bei der Betrachtung des großen Ganzen erschließen sich Ihnen Zusammenhänge, in denen sich widerspiegelt, welchen Sinn einige Geschehnisse im Leben Ihrer Eltern hatten.
- ❖ Sie verschaffen sich Gewissheit: Durch den positiven Rückblick auf das Leben Ihrer Eltern, den Sie in diesem Buch wiedergeben, verschaffen Sie sich die Gewissheit, dass Ihre Eltern ein einzigartiges und

erfülltes Leben hatten. So finden Sie Frieden und verarbeiten die Trauer besser.
- ❖ Sie bringen Ihre eigene Sichtweise ein: Dadurch, dass Sie Ihre eigene Sichtweise einbringen, spiegelt sich in dem Buch ein positives Bild Ihrer Eltern wider. So ist sicher, dass über die Zeit eine positive Meinung über Ihre Eltern bestehen bleibt.

Der ungeheure Mehrwert eines Buches ist zudem, dass sich wohl kein Kritiker dazu aufraffen wird, Ihnen in Buchform zu widersprechen. Sofern eine Person existiert, die nach dem Tod Ihrer Eltern schlecht über diese redet, werden die Kritiken mit der Zeit verstummen, während Bücher diverse Leben überdauern. Fertigen Sie mehrere Exemplare an und lassen Sie diese binden. Verteilen Sie die Bücher daraufhin und es besteht die Möglichkeit, dass in 100 Jahren noch jemand zufällig über die Geschichte stolpert – eine blendende Perspektive, für die Ihre Eltern und jede andere verstorbene Person jederzeit dankbar wäre!

> **Übung!**
> Schreiben Sie ein Kapitel. Es muss nicht das erste oder das letzte Kapitel des Buches sein. Wählen Sie eine Erinnerung oder ein Erlebnis aus dem Leben Ihrer Eltern, über welches Sie schreiben möchten. Es kann auch ein Lebensabschnitt sein. Sofern Sie das Ereignis miterlebt haben, fällt es Ihnen leichter, authentisch zu berichten. Es steht Ihnen aber auch frei, in diesem Kapitel über etwas zu berichten, wo Sie nicht dabei waren, wie beispielsweise das Kennenlernen und die Heirat Ihrer Eltern. Zapfen Sie die Quellen aus der Familie an, die Sie benötigen, und suchen Sie mit den Personen, die darüber berichten können, das Gespräch.

Im Internet gibt es ein reichhaltiges Angebot an Ghostwritern. Nutzen Sie dieses, falls Sie sich selbst mit dem Schreiben überfordert fühlen. In diesem Fall liefern Sie dem Ghostwriter

Ihre Notizen, Sprachaufnahmen und Bildmaterial und weisen ihn mit allen Details in den Auftrag ein. Er hat die Aufgabe, die Geschichte attraktiv in Worte zu verpacken. Da es viele schwarze Schafe gibt, ist empfohlen, dass Sie sich von dem Ghostwriter Referenzen vorlegen lassen und zunächst Angebote von mehreren Autoren einholen.

4. Schritt: Abstand – Wie das Reisen neue Erkenntnisse fördert

Wenn wir Menschen uns in einer emotional belastenden Situation befinden, wünschen wir uns eine Veränderung der Situation herbei. Rein räumlich betrachtet ist dies ohne Probleme umsetzbar: Wir verlassen den Ort und ändern damit die Situation. Allerdings hat der Wechsel des Zimmers keinerlei signifikante Wirkung. Verlassen wir jedoch die Wohnung und gehen einige Schritte, so verändert sich die Situation mit jedem Schritt ein Stück weit mehr: Das eine Mal treffen Sie einen Bekannten und begrüßen sich, das andere Mal weht Sie ein starker Windstoß aus der Tiefe Ihrer traurigen Gedanken. Nicht umsonst wurden Ihnen Spaziergänge vorgeschlagen. Doch auch diese haben eine begrenzte Wirkung, da sie sich meistens in einer bereits bekannten Umgebung abspielen. Möchten Sie Ihre Situation noch umfassender verändern, dann müssen Sie ein paar Schritte drauflegen, um sich noch mehr zu distanzieren. Eine Maßnahme mit seit Jahrtausenden besonderer Wirkung ist das Reisen.

Wie lange soll es dauern und wohin soll es gehen?

Wie lange das Reisen dauert, hängt von der Mission ab, die Sie zu begehen gedenken, und der Zeit, die Sie sich nehmen. Eine mögliche Mission ist, Orte zu bereisen, die Ihre Eltern mochten. Haben Sie die Asche Ihrer Eltern, so können Sie diese dort zum Teil oder auch ganz verstreuen. Durch die Mitnahme der Asche befinden sich Ihre Eltern einerseits mit

Ihnen gemeinsam auf der Reise, andererseits sorgen Sie mit dem Verstreuen der Asche dafür, dass Ihre Eltern dort zur Ruhe kommen, wo Ihre Eltern gern wären. Haben Sie keine Asche, weil Ihre Eltern beerdigt wurden, dann können Sie anstelle der Asche symbolisch andere Dinge nehmen, wie beispielsweise einzelne Gegenstände, die Sie am jeweiligen Ort belassen. Der Umfang der Reise und deren Dauer hängen von Ihren finanziellen und zeitlichen Möglichkeiten sowie der Verantwortung, die Sie daheim zu tragen haben, ab. Sind Sie Mutter und müssen sich um Ihre Kinder kümmern, dann ist es unter Umständen nicht möglich, zu einer Reise aufzubrechen. Behalten Sie sich in diesem Fall die Reise für einen zukünftigen Zeitpunkt vor.

Für eine Reise müssen Sie nicht zwingend tief in den Geldbeutel greifen: So gibt es Berichte von Personen, die Hals über Kopf zu Fuß aufbrachen, um den Jakobsweg entlang zu pilgern. Zehn Tage lang mit knapp 20 Kilometern täglicher Wanderung ist beispielsweise auch das Angebot von TrauDichReisen[8], welches in einer Gruppe von Personen entlang des Jakobswegs von O Cebreiro bis Santiago de Compostela führt. Solche Angebote und ebenso kleinere Reisen gibt es zahlreich im Internet, wenn Sie nach Schlagwörtern wie „Reisen für Trauernde" oder „Trauerreisen" bei Google suchen.

Sollten Sie die Möglichkeit und Bereitschaft für eine Reise haben, dann empfiehlt sich eine längere Reise, um gezielt einzelne Etappen abzuarbeiten. Etappen können Sie selbst mit einer Symbolwirkung oder einzelnen Aufgaben versehen. Sollten Sie ein Etappenziel erreicht haben, dann können Sie ein Ritual wie einen Lebenstanz im Sonnenuntergang durchführen. Über Lebenstänze erfahren Sie im folgenden Unterkapitel nähere Informationen.

Haben Sie nicht die Zeit, um für mehrere Wochen zu verreisen, dann legen Sie für jeden Monat eine Wochenendreise fest. Der Vorteil kurzer Wochenendreisen ist, dass Sie für diese Reiseart eher eine Begleitung finden. So ist es Ihnen

---

[8] https://www.traudichreisen.de/angebot/reisen/pilgern-auf-dem-jakobsweg/

möglich, jede Wochenendreise einem Aspekt Ihrer Trauer zu widmen (z. B. erste Wochenendreise für die Schuldgefühle) und hierfür verschiedene Begleitungen zu organisieren. Durch die Begleitung erhalten Sie vielfältige Blickwinkel auf den jeweiligen Aspekt der Trauer.

Begegnungen sind das Ziel

Ein wirklich schönes und treffendes Zitat legt eine Sichtweise auf Reisen offen:

„Das Ziel jeder wirklichen Reise liegt in der Begegnung, in der Begegnung mit uns und anderen Menschen."
- Prof. Dr. Dietrich Grönemeyer (deutscher Mediziner, Autor und gemeinnütziger Stifter; *1952)

Entscheiden Sie sich für eine Reise, die Sie entlang historischer Pilgerwege oder allgemein berühmter Attraktionen entlangführt, dann begegnen Sie Menschen, mit denen Sie mit der Zeit ins Gespräch kommen. Im Rahmen dieser Begegnungen muss gar nicht über Ihre Eltern gesprochen werden. Sie können sogar einen Grund für Ihre Reise erfinden, falls es Ihnen zu persönlich ist, über Ihre Trauer und den Verlust zu sprechen. Dennoch werden Sie von den Begegnungen mit anderen Menschen profitieren, da die verschiedenen Blickwinkel und Meinungen Sie bereichern werden. Noch viel reichhaltiger werden Ihre Begegnungen mit Mitmenschen sein, wenn Sie sich gegen das Nächtigen in teuren Hotels entscheiden und dafür in Unterkünften für mehrere Personen Platz nehmen; also in Hostels und Herbergen. Denn hier verschließen sich die Personen nicht in ihren Suiten, sondern sind offen zugänglich. Wie Sie merken, soll es sich bei einer Trauerreise nicht um einen Luxusurlaub handeln, sondern um eine bescheidene Reise, die der Selbstfindung, der Emotionsverarbeitung und dem Erkenntnisreichtum dient.

Letzten Endes steht es Ihnen frei, die Reise nach Ihrem Belieben durchzuführen. Spricht Sie die Wanderung und das Aufeinandertreffen auf Menschen nicht an, dann können Sie ebenso gern den Flieger nehmen und ein eigenes Programm aufziehen. Doch denken Sie daran, dass in New York, Tokio, Monaco und Paris eher die Ablenkung präsent ist als die Trauerverarbeitung. Solche Großstädte – und ebenso Großstädte in Deutschland – empfehlen sich nur dann als Reiseziel, wenn Sie für die Eltern eine besondere Bedeutung hatten. Kommen die Eltern ursprünglich aus einem anderen Land, dann kann der Besuch dieses Landes samt seinen Großstädten sinnvoll sein. Den größten spirituellen Mehrwert erfahren Trauernde bei einer umfangreichen Betrachtung allerdings dort, wo Ruhe, offene Mitreisende und Bescheidenheit gegeben sind, um an sich und der Trauer arbeiten zu können. An den ruhigen Orten und auf speziellen Pilgerwegen treffen Sie nämlich auf Gleichgesinnte; Personen, die weder zum Feiern noch zum Joggen den Ort aufsuchen, sondern Personen, die Antworten und Weisheiten suchen. Exakt dies ist auch Ihr Ziel, sodass sich wichtige Gemeinsamkeiten ergeben.

5. Schritt: Rituale – Wie Sie durch neue Gewohnheiten einen Anker finden

Rituale sind Gewohnheiten: Sie finden regelmäßig statt und gehen dementsprechend in Fleisch und Blut über. Außerdem schaffen sie Ordnung, da feste Zeitpunkte für Rituale definiert werden. Rituale sind auch in Religionen zu beobachten, wenn beispielsweise vor oder nach dem Gottesdienst am Sonntag eine Kerze für Verstorbene angezündet wird. Auch Gebete sind Rituale. Vor der Beerdigung gehört in verschiedenen Kulturen die Waschung des Leichnams zu den Ritualen. Im Folgenden werden Ihnen drei Rituale vorgestellt, die einen kreativen Ansatz zur Trauerverarbeitung repräsentieren. Verstehen Sie die folgenden Ausführungen als einen Anreiz, die Rituale selbst auszuprobieren oder aber sich umfangreich über weitere Rituale zu informieren. Neben den drei vorgestellten Ritualen werden im Laufe dieses Kapitels einige weitere Rituale erwähnt, sodass Sie mit einem reichhaltigen Ritual-Portfolio diverse Möglichkeiten zur Trauerverarbeitung haben werden.

Briefe an die Toten

Ein einfaches Ritual ist das Schreiben von Briefen an Verstorbene. Es bedarf keinerlei Organisation, Lernen oder großartiger Materialkosten. Sie sind lediglich auf einen Stift und ein Blatt Papier angewiesen, wobei es beides meistens bereits im Haushalt gibt.
Schreiben Sie in regelmäßigen zeitlichen Abständen, damit das Schreiben als ein Ritual gewertet werden kann und ein konstanter Anker für Sie ist. Sie dürfen über alles schreiben, was Ihnen gerade am Herzen liegt. Verhalten Sie sich dabei so normal, als würden Sie einen Briefaustausch oder einen Chat mit der verstorbenen Person führen. Sie werden merken, dass es befreiend wirkt, die Sorgen, Erfolge, Liebe und weitere Emotionen sowie Geschehnisse mit Ihren Eltern zu teilen. Es braucht manchmal keine Antwort, sondern nur das Zuhören.

> **Hinweis!**
> Neben dem Verfassen von Briefen ist das Beschenken der Verstorbenen ein empfehlenswertes Trauerritual. In diesem Fall kaufen oder basteln Sie Geschenke zu Tagen, an denen früher, als Ihre Eltern noch lebten, Geschenke ausgetauscht wurden. Dies sind allem voran die Weihnachts-, Oster- und Geburtstagsfeiertage.

Die größere Frage ist, wie Sie mit dem geschrieben Brief verfahren. Zum einen besteht die Option, die Briefe aufzubewahren und zu sammeln. Zum anderen lässt sich mit dem Brief ein gewähltes Ritual vollführen. Als ein solches Ritual empfiehlt sich die Flaschenpost, bei der Sie eine Flasche mit dem Zettel innendrin ins Meer werfen. Wesentlich einfacher und mit tiefgründigerer Bedeutung ist das Verbrennen des Briefes. Der Rauch, der aufsteigt, dient als Zeichen dafür, dass der Inhalt des Briefes in dieser Form den Weg zu Ihren Eltern findet.

Gedenkstücke nutzen

Ihre Eltern hatten Kleidung, die sie gern getragen haben. Eventuell gab es Schmuckstücke. Werfen Sie nicht alles weg und verkaufen Sie es nicht, sondern behalten Sie bestenfalls das bei sich, was für Sie die größte Bedeutung hat. Hat Ihre Mutter beispielsweise an dem Tag, an dem Sie den Schulabschluss gemacht haben, ein bestimmtes Kleidungs- oder Schmuckstück getragen und war dies ein besonderer Tag, so verbirgt sich hinter dem jeweiligen Stück ein besonders schöner Moment. Dieses Kleidungs- oder Schmuckstück können Sie an ausgewählten Tagen oder in anderen regelmäßigen Zeitabständen tragen. Ein Schmuckstück ist sogar durchgehend tragbar.

Sagt Ihnen dieses Vorgehen nicht zu, besteht die Möglichkeit, regelmäßig die Lieblingsmusik Ihrer Eltern zu hören. Gibt es ein Lied, welches eine besondere Bedeutung hat, weil sich Ihre Eltern bei diesem Lied das erste Mal kennenlernten, so können Sie dieses jeden Abend oder einmal in der Woche anhören und sich dabei in einer ruhigen sowie erdenden Umgebung hinsetzen.

Es existieren viele Dinge und Aktivitäten, mit denen Sie die Chance haben, Ihrer Eltern zu gedenken. Welche Dinge und Aktivitäten dies im Genaueren sind, variiert mit jedem Elternteil. Erwägen Sie dies als Ritual, da es ebenso einfach umsetzbar wie das Briefeschreiben ist.

Lebenstänze für einen unkonventionellen Umgang mit der Trauer

Das wort- und geräuschlose Betrauern von Menschen hat bereits seit Jahrtausenden Tradition in der menschlichen Geschichte. Dabei kommt Tänzen und Klagegesten in verschiedensten Kulturen eine Bedeutung zu. In der christlichen Religion finden Tänze hin und wieder ebenfalls Anwendung. Vereinzelt wird in Kirchen an dem Tag des Totengedenkens am 2. November ein Tanz angestimmt. Im schlichten und schwarzen Anzug zündet ein Mensch eine Kerze an und beginnt, seine Trauer unter der musikalischen Begleitung der Orgel zum Ausdruck zu bringen. Dabei geht er langsam zu Boden, zu den Seiten, stellt sich mit ausgestreckten Armen hin, bewegt die Arme zur Brust und wieder zurück und bringt dabei eine Geschichte zum Ausdruck, die vom Kommen und Gehen des Menschen auf der Erde erzählt und die Trauer zum Ausdruck bringt.

> **Aus dem Leben anderer ...**
>
> Im bereits vielfach zitierten Buch *Nimm den Tod persönlich* (Roth & Schwikart, 2009) berichtet Dr. Felix Grützner von seinem Angebot, welches sich auf der Website www.lebenstaenzer.de[1] einsehen lässt. Darin geht es darum, in Choreografien und Workshops den Umgang mit den Emotionen, mit der Trauer durch den Verlust eines geliebten Menschen und mit weiteren Aspekten zu erlernen. Er erwähnt, wie er den Lebenstanz auf einer Beerdigung vorführte und dabei zu der Musik des Lieblingskomponisten der Verstorbenen tanzte. Wie sich die Verstorbene im Zuge ihrer Krankheit langsam und mit immer weniger Energie auf den Tod vorbereitete, so verließ auch Dr. Felix Grützner als Tänzer im Laufe der Zeit die Trauerhalle, während die Musik aus der Flöte leiser wurde.
>
> ---
> [1] http://www.lebenstaenzer.de/

Sie können Lebenstänze professionell bei Angeboten wie von Dr. Felix Grützner erlernen oder aber Sie lassen sich durch Videos im Internet inspirieren und entwerfen Ihren eigenen Tanz. Im Grunde genommen geht es nur darum, mit dem Körper das zum Ausdruck zu bringen, was Sie fühlen. Jede Bewegung hat eine symbolische Wirkung. Als regelmäßiges Ritual lässt sich der Lebenstanz in Form eines Workshops mit festen Terminen in den Alltag eingliedern. Ebenso haben Sie die Möglichkeit, den Lebenstanz zu einem Bestandteil einer

Erinnerungsfeier werden zu lassen, indem Sie diesen mit einer Gruppe anderer geladener Gäste einstudieren. Dabei entwerfen Sie im Rahmen der Vorbereitungen auf die Erinnerungsfeier eine Choreografie, bei der der Lebenstanz ein Bestandteil ist.

Alles in allem ist der Tanz als Element der Trauer als ein unkonventionelles Mittel anzusehen. Viele Personen würden sich zurückhaltend zeigen und sich schämen, Ihre Trauer derart offensiv und ungewohnt vor Menschen zum Ausdruck zu bringen. Ist dies bei Ihnen ebenso der Fall, so sei an dieser Stelle nochmals erwähnt, dass Sie zu keinem der Vorschläge in diesem Ratgeber gezwungen sind. Aber zweifelsohne werden Sie die Menschen bei einer professionell erlernten sowie einstudierten und nach Plan vorgetragenen Choreografie für Ihren Mut bewundern. Im gleichen Zuge wird Ihnen die Bewegung guttun, da Sie durch die Bewegungen eine Entspannung erfahren, die Beschwerden der Trauerphase zu lösen vermag. Zudem lenken Sie sich durch die Konzentration auf einzelne Bewegungsabläufe ab; Sie verarbeiten also die Trauer, ohne komplett in den entsprechenden Gedanken gefangen zu sein.

6. Schritt: Symbolik – Wie Sie die Bedeutung von Dingen neu definieren

Roland Kachler ist als Trauerexperte bekannt. Der Autor trug seinen eigenen Sohn zu Grabe und erfuhr einen Schicksalsschlag, welcher zu den schwersten potenziellen Schicksalsschlägen für Eltern gehört, die überhaupt existieren. Er thematisiert in seinem Werk *Meine Trauer wird dich finden* (2017) die Bedeutung von Natursymbolen, die für ihn beruhigend ist. Er sieht die Natur als eine Konstante, die einen sicheren und geborgenen Ort für Verstorbene darstellt. Wer die Verbundenheit zur Natur entdecke, so Kachler, der dehne den Raum für die Begegnung mit dem Verstorbenen über das Grab und die eigene Gedankenwelt hinaus. Natursymbole, wie sie Kachler in seinem Werk thematisiert, und ebenso andere Arten von Symbolen werden Ihnen vorgestellt, damit Sie darin mögliche Begegnungsstätten mit Verstorbenen entdecken.

Die gesamte Natur in ihrer besonderen Rolle

Die Natur hat im Leben eines jeden Menschen eine faszinierende Rolle. Auch jene Personen, die sich für den Naturschutz nicht interessieren oder die Umwelt gar mit ihren Unternehmen verpesten, können die Liebe für den warmen Sonnenschein am Morgen, der ihr Schlafzimmer durchflutet und zum Aufwachen einlädt, nicht leugnen. Gleiches trifft auf andere Naturphänomene zu. Zeigen Sie sich der Natur gegenüber verbunden und begegnen selbst dem Vogelzwitschern in Ferne mit Aufmerksamkeit, bringen Sie die idealen Voraussetzungen mit sich, um die Natur zur Verarbeitung Ihrer Trauer nutzen zu können.

Übung!

Setzen Sie sich bei einem Ihrer Spaziergänge, der Gartenarbeit, dem Joggen oder einer anderen Ihrer Aktivitäten draußen hin. Es sollte bevorzugt in einem Park, an einer Promenade oder an einer anderen stillen Stelle sein, wo Sie der Natur lauschen können. Setzen Sie sich hin und hören Sie einfach nur zu – nicht mehr, aber auch nicht weniger. Zuhören ist eine Kunst. Nehmen Sie jedes einzelne Geräusch wahr und konzentrieren Sie sich auf Klänge aus allen Richtungen. Es ist immer etwas los, Sie müssen es nur wahrnehmen. Nutzen Sie neben den Ohren auch die Nase, indem Sie riechen, was in der Luft liegt.

Dieser eine Schritt zeigt Ihnen, dass es zwischen Mensch und Natur diverse Schnittpunkte gibt. Dass eine Person mit ihrem Tod die menschliche Hülle verlässt, steht außer Frage. Stellen Sie sich vor, dass diese Person in die Natur gewandert ist. Aber tun Sie dies nicht, weil dem so sein kann oder weil Sie daran glauben. Stellen Sie es sich nur deswegen vor, weil es Ihnen hilft und Ihre Eltern in Geborgenheit verweilen lässt. Von nun an werden Sie, wann immer Sie in der Natur sind und diese aufmerksam wahrnehmen, daran denken können, dass Ihre Eltern mit Ihnen kommunizieren:

❖ Durch den Wind setzt Sie die Person in Bewegung, wenn Sie lethargisch und demotiviert sind.
❖ Der helle Sonnenschein spendet Ihnen Trost und Zuversicht in Phasen, in denen beides rar ist.
❖ Der Regen spendet Klarheit und wäscht von Zweifeln rein, falls sich welche bei Ihnen auftun.
❖ Die Sterne während der Nacht leuchten Ihnen auch im Dunkeln den Weg und nehmen jedwede Anflüge von Angst.
❖ Das Vogelzwitschern besänftigt erregte oder gar wütende Gemüter und predigt Liebe, wenn Sie kurzweilig den Glauben an die Liebe verlieren.

Hierbei handelt es sich lediglich um einige wenige Ansätze zur Deutung. Die Natur liefert Ihnen jeden Tag aufs Neue Spektakel, mögen diese vordergründig zunächst auch noch so unscheinbar sein. Es liegt an Ihnen, wie Sie diese wahrnehmen und was Sie daraus gewinnen. Die Natur hat eine Tiefe und Weite, die grenzenlos ist und Sie überall dort, wo Sie es anstreben und wünschen, mit den Personen verbindet, die Ihnen fehlen. Ziel ist bei der Verbundenheit zwischen Ihnen und den Verstorbenen über die Natur keine wissenschaftliche Korrektheit, sondern eine transzendentale Erfahrung; also eine Erfahrung, die Sie in eine andere Welt hineinführt. Wie Sie diese Erfahrung erleben, definieren Sie selbst.

Geben Sie sich Mühe, für die einzelnen Naturereignisse eine fest definierte Bedeutung zu beschließen. Fertigen Sie dazu einen Katalog mit Naturereignissen und deren Bedeutung für Ihre Verbindung zu Ihren Eltern an. Folgt man den Gedankengängen des Autors Roland Kachler in seinem eingangs erwähnten Werk, so eignet sich ein Regenbogen als Zeichen für die Verbindung zur anderen Welt. Der Regenbogen fungiert als eine Brücke zur anderen Welt. Wenn man den Sonnenuntergang oder Sonnenaufgang am Friedhof beobachte, trete nach Kachler eine besonders intensive Verbindung zu der verstorbenen Person ein. Auch Tiere sieht er als Botschafter der Verstorbenen an. Wenn ein Vogel zu der trauernden

Person geflogen käme, so sei instinktiv der Gedanke gegeben, dieses Tier sei ein Zeichen des Verstorbenen[9].

Finden Sie Ihre Botschaften und Symbole in der Natur! Gehen Sie dazu vermehrt an Orte, die Sie häufig mit Ihren Eltern besucht haben oder an Orte, von denen Ihre Eltern immer sprachen, aber die sie nie besuchen konnten.

Sogar kleinste Gegenstände können eine beeindruckende Bedeutung haben

Auch außerhalb der Natur gibt es Symbole, die in Form von Ritualen angewandt werden. Dazu gehört für Kirchgänger beispielsweise das Anzünden einer Kerze; einmal pro Woche, öfter oder seltener – es steht jeder Person frei. Gläubige stimmen zusätzlich Gebete an. Grundsätzlich haben Gläubige eine Menge an Ritualen, die durch die jeweilige Religion vorgeschrieben oder angeraten sind.

Schwieriger haben es Personen, die nicht gläubig sind oder sich mit der eigenen Religion nur bedingt auseinandergesetzt haben. Doch hier gibt es Lösungen. Beispielsweise sorgen Schmuck, Glücksbringer oder andere kleine und gut tragbare Gegenstände von Verstorbenen für einen Begleiter, von dem Sie Tag für Tag, Stunde für Stunde oder gar Minute für Minute profitieren. Möglicherweise ist Ihnen bereits das Steigenlassen von Luftballons oder Kerzen zu Ohren gekommen: Kerzen in Ballons steigen zu lassen ist in Deutschland in 15 von 16 Bundesländern untersagt; in dem Ausnahmeland Berlin existiert grundsätzlich ebenfalls ein Flugverbot[10]. Die Verbote sind aus nachvollziehbaren Sicherheitsgründen verhängt. Sollten Sie unbedingt einen Ballon mit Kerze steigen lassen wollen, was ein faszinierendes Ritual ist, ist angeraten, dass Sie es über Sondergenehmigungen in Hamburg, Mecklenburg-Vorpommern, Nordrhein-Westfalen, Sachen oder Sachsen-Anhalt versuchen und bei vorhandener Zustimmung

---

[9] Kachler, R.: Meine Trauer wird dich finden, 2017. S. 111ff
[10] http://www.helpster.de/kerzen-ballons-steigen-lassen-verboten_221668

mit mehreren Personen dieses Ritual zelebrieren. Sollte keine Genehmigung ausgesprochen werden, können Sie sich das Kerzensteigenlassen als besonderes Ritual im Ausland aufheben, sofern die Rechtslage im jeweiligen Land das Kerzensteigenlassen erlaubt.

> **Hinweis!**
> Nehmen Sie auf das Verbot des Kerzensteigenlassens keine Rücksicht, droht Ihnen, falls Sie von der Polizei erwischt werden, ein Bußgeld in vierstelliger Höhe. Werden Sie nicht erwischt, dann besteht nach wie vor die Gefahr, dass es zu Unfällen infolge der Kerzen in Luftballons kommt, da diese leicht brennbar sind. Luftballons ohne Kerzen steigen zu lassen ist jedoch kein Problem.

Lassen Sie Kerzen oder Luftballons steigen, dann lassen Sie die Trauer los und gedenken Ihrer Eltern. Da es ein besonderes und schönes Ritual ist, ist empfohlen, dass Sie dieses immer mit mehreren Personen durchführen.

Weitere Symbole oder Rituale mit Symbolwirkung sind Ihrer Recherche und Kreativität überlassen. Sie können in den Symbolen bündeln, was Sie möchten – ob es nun die bloße Nähe zu Ihren Eltern oder aber eine besondere Botschaft ist, die Sie Ihren Eltern wünschen.

7. Schritt: Wandel – Wie Sie neue Interessen im Alltag unterstützen

Nach Verena Kasts Modell der Trauerphasen geht jeder Mensch aus dem Trauerprozess mit einem neuen Selbst- und Weltbezug hervor. Im Laufe des Trauerprozesses täten sich zumindest ganz feine neue Interessen hervor, so die Annahme. Ein Blick auf die Realität zeigt, dass exakt dies der Fall ist. Einige Beispiele:

- ❖ Bereits wenn Sie anfangen, Rituale durchzuführen, verändern Sie sich. Geht es soweit, dass Sie professionell Unterricht für Lebenstänze nehmen, ist dies mit dem Entstehen eines neuen Interesses ein äußerst großer Wandel.
- ❖ Die Erfahrung des Verlusts an sich verändert Sie. Folglich vergegenwärtigen Sie sich die Wichtigkeit der Familie stärker. Oder Sie beginnen, anderen Menschen aktiv zu helfen, ihren Trauerprozess zu beschreiten.
- ❖ Sie gehen aus dem Verarbeitungsprozess der Trauer mit einem gestärkten und weiterentwickelten Charakter hervor. Dies gibt Ihnen im Alltag die Chance, andere Blickwinkel auf gewisse Themen einzunehmen und sich vielfältig zu engagieren.

Wie Sie sehen, folgt aus jeder neuen Erkenntnis ein neues Interesse: Ist Ihnen durch den Verlust der Eltern die Wichtigkeit der Familie bewusster geworden, wird es in Ihrem Interesse sein, die familiäre Bindung zu stärken.

Nun stellt sich bei Ihnen die Frage, inwiefern Sie sich im Verlauf des Trauerprozesses verändert haben. Um dies herauszufinden, erweist sich der innere Dialog als bestes Mittel. Setzen Sie sich am Abend hin und notieren Sie sich in regelmäßigen zeitlichen Abständen, welche Veränderungen Sie an sich ausmachen: Vom Handeln im Alltag über das äußere Erscheinungsbild bis hin zu Ihrem Denken und den Glaubenssätzen, die in Ihnen schlummern. Nehmen Sie sich mindestens eine halbe Stunde am Abend Zeit und lassen Sie sich durch nichts ablenken. Wiederholen Sie dies mehrmals, um Ihre Veränderungen zuverlässig herauszufiltern. Überlegen Sie sich schließlich, wie Sie Ihre Veränderungen und neuen Interessen in den Alltag integrieren können.

Familiäre Bindung stärken

Eine Stärkung der familiären Bindung ist grundsätzlich immer angeraten. Der Trauerfall reißt eine große Lücke in das Leben der Personen, die Ihren Eltern sehr nahegestanden haben. Diese Lücke muss gefüllt werden. Da die Familie aber nicht nur aus den Eltern nahestehenden Personen, sondern aus weiteren Verwandten besteht, sind Familientreffen in größeren Kreisen für die Bindung essenziell. Durch eine Versammlung von 20 bis 30 Personen im Restaurant lernen sich Familienmitglieder besser kennen, die bisher wenig in Kontakt kamen. Je stärker die familiären Bande ausgeprägt sind, desto mehr Unterstützung wird in jedweden Situationen des Alltags gegeben sein. Haben Sie beispielsweise zuvor kaum Kontakt zu einem Cousin gehabt, weil Sie wenig gemeinsame Schnittpunkte hatten, so ändert sich dies bei häufigen Familientreffen eventuell. Vielleicht entdecken Sie im Cousin plötzlich eine faszinierende Person, deren Interessen den Ihren gleichen.

Stiftungen, soziales Engagement und weitere Statements

Ein Statement zu setzen, bedeutet, eine Aussage zu treffen. Im Deutschen wird diese Ausdrucksweise verstärkt dann verwendet, wenn mit einer Handlung oder einer Aussage besonders klar Farbe bekannt wird. Stiftungen, soziales Engagement und weitere ähnliche Maßnahmen dienen dem Zweck, einem starken inneren Drang Genugtuung zu verschaffen. Stellen Sie es sich wie folgt vor: Sie haben einen anstrengenden Trauerprozess erfolgreich gemeistert, weil Ihnen dieses Buch geholfen hat. Dabei haben Sie Gebrauch von mehreren Methoden, die in diesem Buch geschildert wurden, gemacht. Einige Methoden haben Ihnen zugesagt und sehr geholfen, andere Methoden waren nicht Ihr Fall. Sie haben bei der Anwendung der Methoden gemerkt, dass andere Familienmitglieder in Trauer ebenfalls bereit waren, diese Methoden auszuprobieren, und diese als große Hilfe empfunden haben. Nun breitet sich in Ihnen der Drang aus, Menschen zu helfen, die sich in einer ähnlichen Situation befinden, wie Sie es waren. Sie schaffen deswegen Trauergruppen oder engagieren sich in bereits bestehenden Trauergruppen. Vielleicht machen Sie sogar eine Fortbildung und orientieren sich beruflich neu ...

Bei Unfalltoden, Toden durch Krankheiten oder Toden durch Rauschmittel, Verbrechen sowie anderweitigen Gefahrenpotenzialen besteht die Möglichkeit, Stiftungen mit einem entsprechenden Thema zu gründen oder sich auch hier eine bereits bestehende Stiftung zu suchen, die man unterstützt. Alles in allem geben Sie Ihre Erfahrungen weiter und dem Tod Ihrer Eltern im Nachhinein einen Sinn.

Das Wichtigste: Neue Interessen gezielt suchen!

Im Verlaufe des Trauerprozesses entstehen keine neuen Interessen und es tritt kein positiver Wandel ein, wenn Sie sich neuen Interessen gegenüber nicht offen präsentieren. Dies ist in der ersten Phase der Niedergeschlagenheit nicht zu erwarten, doch mit dem Eintritt der zweiten Phase, sobald sich das emotionale Chaos bei Ihnen andeutet, suchen Sie idealerweise gezielt nach Aktivitäten und Möglichkeiten, um die Emotionen zu kontrollieren. Nur durch diese Bereitschaft zur Aktivität und das „Sich-Aufraffen" wird es Ihnen gelingen, neue Interessen zu erschließen und Erkenntnisse aus dem Trauerprozess zu gewinnen, die Sie voranbringen.

8. Schritt: Lehrreiche Geschichten – Wie Sie sich durch Filme und andere Medien inspirieren lassen

Nutzen Sie die nachfolgend genannten Medien am besten erst, wenn Sie sich dafür bereit fühlen. Dann werden Sie den drei Büchern, drei Filmen und drei Liedern in diesem Unterkapitel offen begegnen. Jedes der vorgestellten Werke hat eine eigene Botschaft und alle zusammen decken sie das Thema Trauerverarbeitung von unterschiedlichen Seiten ab.

Bücher, die die richtigen Worte finden

Es gibt unter Büchern, die sich mit der Trauer beschäftigen, Werke, die sich von der wissenschaftlichen Seite annähern und trockener Stoff für berufliche Zwecke von Psychologen oder Medizinern sind. Neben diesen Werken existieren Ratgeber, wie dieser hier, und Romane, die einzelne Geschichten erzählen. Da Sie bereits den Ratgeber in der Hand halten, werden Ihnen nun drei Romane präsentiert. Diese erzählen Geschichten, die möglicherweise andere Situationen ansprechen als die, in der Sie sich befinden. Aber den Unterschieden zum Trotz werden Sie jedem der Werke einzelne Erkenntnisse entnehmen können, die Sie in Ihrer individuellen Situation voranbringen.

Weiß der Himmel von dir (Alicia Bessette)

Alicia Bessette setzte mit dem Roman *P.S. Ich liebe dich* bereits eine Duftmarke, die sogar verfilmt wurde und weltweit die Herzen bewegte. Nun betritt sie mit dem Roman *Weiß der Himmel von dir* die Bühne erneut und liefert eine Geschichte, die in einigen Hinsichten Parallelen zum Werk *P.S. Ich liebe dich* aufweist, aber eine in vielerlei Hinsicht neue Geschichte erzählt.

Nach dem Tod ihres Mannes Nick bei einer Hilfsaktion für Opfer des Hurrikans Katrina in New Orleans schließt sich dessen Frau Zell mehr als ein Jahr von der Gesellschaft ab. Mit ihrem Mann war sie innig: Getanzt wurde an jedem Ort und an jeder Stelle, sogar im Wohnzimmer. Sie fochten nächtliche Rennen mit ihrem gemeinsamen Hund aus. Nun – mit seinem Tod – ist alles weg. Erst, als ihr Hund aus den heimischen vier Wänden ausbricht, fühlt sich Zell gezwungen, das Haus zu verlassen und sich auf die Suche nach ihm zu begeben. Auf dieser Suche trifft sie zufällig auf ihre neuen Nachbarn – ein Mädchen, welches sich sofort einen Weg in Zells Herz bahnt, und deren Vater. Zudem bekommt sie von einem Kochwettbewerb mit, bei dem der Sieger einen hohen Geldbetrag als Prämie bekommt. Sie nimmt sich vor, diesen Betrag zu gewinnen, um mit dem Geld die Mission ihres Mannes fortzusetzen: Mit der Spende möchte sie die Opfer des Hurrikans in New Orleans unterstützen, wie es ihr Mann gewünscht hätte. Dabei erfährt sie von mehreren Seiten Unterstützung und entdeckt neue Seiten an sich.

Das Buch strotzt nur so vor Aktivität und Geheimnissen. Zu einzelnen Themen verrät die Autorin gar nichts, wie beispielsweise zum genauen Tod von Nick. Das Buch erfährt aufgrund der vielen Fragezeichen, die es hinterlässt, einiges an Kritik in der öffentlichen Rezeption. Doch Sie werden hinter die Kulisse blicken und merken, dass es gar nicht darum geht, wie einzelne Dinge geschehen sind und was sich hinter gewissen Rätseln verbirgt. Im Fokus steht rein der Umgang mit der Trauer. Ein exzellentes Buch, das genau den richtigen Schwerpunkt findet und ein lebendiges Plädoyer für einen offensiven Umgang mit der Trauer und die Suche nach einem neuen Sinn im Leben ist – *ein Aufruf zur Liebe!*

Ich werde immer da sein, wo du auch bist (Nina LaCour)

In diesem Roman liest Caitlin das Tagebuch ihrer besten Freundin Ingrid. Grundsätzlich würde an dieser Stelle der Aufschrei bzw. die Bemerkung folgen, dies sei unangebracht. Aber angesichts der Tatsache, dass Ingrid tot ist, muss die Frage differenzierter betrachtet werden. Caitlin jedenfalls liest im Tagebuch ihrer Freundin und erhält dadurch einen Einblick, wieso sich Ingrid das Leben genommen hat. Suizid ist ein Thema, welches in Romanen selten aufgegriffen wird und einem Tabu gleicht. Nina LaCour traut sich in ihrem Werk *Ich werde immer da sein, wo du auch bist* an dieses schwierige Thema heran und trägt die Handlung abwechslungsreich vor. Unter anderem sind Briefe von Ingrid enthalten, die authentisch von deren Gemütslage berichten und eines zeigen: Es gibt Fälle, in denen man eine Person nicht oder kaum retten kann. In solch einer Situation befand sich Ingrid. Caitlin lernt im Laufe des Buches, mit ihren neuen Erkenntnissen umzugehen und das Schicksal der Freundin als eine Befreiung anzusehen.

Das Buch thematisiert mit dem Suizid eine Form des Todes, die als Thema in der öffentlichen Wahrnehmung noch stark gemieden wird. Insbesondere deswegen wird es womöglich nur einer Handvoll Lesern wirklich zusagen. Im großen Ganzen ist das Buch für Personen, die einen Menschen durch

Suizid verloren haben, eine gute Lektüre – *ein Aufruf, im Tod die Befreiung zu sehen!*

Am Meer dieses Licht (Fanny Wobmann)

Fanny Wobmanns *Am Meer dieses Licht* sticht aus der Menge der vorgeschlagenen Bücher in diesem Unterkapitel hervor, weil zu Beginn niemand verstorben ist. Laura ist eine junge Frau, die in England, außerhalb ihrer französischen Heimat, ihre ersten Erfahrungen mit Arbeit und Liebe macht und parallel ihre Großmutter im Krankenhaus besucht, die bald sterben wird. Beide Frauen erzählen sich gegenseitig Geschichten, wobei vor allem die Großmutter über ihr ganzes Leben berichtet – anfangs noch mit Gehorsam durchs Leben schreitend, wurde sie im Laufe ihres Lebens zur Rebellin. Exakt diese Lebensgeschichte wird anhand vieler einzelner Geschichten von Autorin Fanny Wobmann einzigartig und gelungen in den Kontext der Gegenwart eingebettet. Die beiden Frauen, Laura und ihre Großmutter, teilen sich einander mit und entwickeln großes Vertrauen füreinander. Dabei finden sie zu den wesentlichen Emotionen, die das Leben definieren und denen man sich verstärkt hingeben sollte.

Insbesondere für junge Personen ist das Buch hilfreich, um sich vor Augen zu führen, worum es im Leben wirklich geht. Ebenso finden ältere Personen darin eine Stütze, die vor allem dazu ermutigt, Personen auf dem Sterbeweg zu begleiten, sofern die Möglichkeit gegeben ist. Zudem illustriert das Buch anhand der bewegten Geschichte der Großmutter, dass sich hinter jedem Leben viel Erzählenswertes verbirgt – *ein Aufruf, sich mit der Geschichte einer jeden verstorbenen Person auseinanderzusetzen!*

Filme, die dem Thema angemessen begegnen

Filme sind prädestiniert dafür, eine großartige Wirkung zu erzielen. Die bewegten Bilder sind ein Medium, welches Foto, Geschichte, Musik und viele weitere Elemente miteinander vereint. Leider stellen nicht alle Filme ihr jeweiliges Thema angemessen dar. Es finden im Vorhinein große Ankündigungen statt, es wird viel Geld investiert und es gibt eine Star-Besetzung. Auf der Suche nach Filmen, die das Thema Trauer angemessen darstellen und es so aufarbeiten, dass es eine Hilfe oder zumindest Inspiration für Betroffene ist, hat sich ebenso gezeigt, dass es viele Enttäuschungen gibt, die oberflächlich und von Binsenweisheiten geprägt sind. Allerdings lassen sich ebenso Schmuckstücke finden, von denen Sie im Folgenden drei vorgestellt bekommen. Dabei wird zur breiten Abdeckung von jedem Film ein anderes Verlustszenario thematisiert: Im ersten Film verliert der Vater seinen Sohn, im zweiten Film die Frau ihren Ehemann und im dritten Film die Tochter ihren Vater. Begeben Sie sich auf drei Reisen, die mit drei verschiedenen Erkenntnissen locken.

Erkenntnisse und Missionen entlang des Pilgerpfades

Der Film *Dein Weg – Vom Suchen und Finden auf dem Jakobsweg* erzählt die Geschichte des erfolgreichen Augenarztes Tom Avery (gespielt von Martin Sheen), der vom Tod seines Sohnes auf dem Jakobsweg erfährt. Ein Gewitter in den Pyrenäen riss den Sohn in den Tod. Der Vater fliegt aus den USA nach Frankreich, um den Leichnam seines Sohnes nach Hause mitzunehmen. Dort angekommen, entscheidet er sich nach Gesprächen anders und lässt den Leichnam seines Sohnes einäschern. Die Asche nimmt er mit auf den Weg und beschreitet den 800 Kilometer langen Weg, den sogenannten Camino, gemeinsam mit seinem Sohn. Er verstreut an einzelnen Etappen die Asche seines Sohnes. Tom Avery selbst befindet sich in einem hohen Alter, sodass ihm die Wanderung nicht zugetraut wurde. Doch er meistert den Weg und trifft dabei die verschiedensten Personen. Darunter befinden sich sowohl der junge Niederländer Joost, der abnehmen möchte, als auch die Kanadierin Sarah, die auf dem Pilgerweg die traumatischen Erfahrungen durch ihren gewalttätigen Ehemann zu verarbeiten versucht. Diese und weitere Gefährten sorgen für viele Lacher und Erfahrungen, die Tom Avery dazu bringen, sich und seine Trauer zu hinterfragen. Anfangs noch verschlossen und nicht bereit, seine Gefühle zu öffnen, verarbeitet Tom Avery mit der Zeit seine Trauer und beginnt, sich den Reisegefährten und weiteren Bekanntschaften mitzuteilen. Dabei sind Konflikte mit inbegriffen, weil Tom Avery seine Emotionen zurückhält. Die Konflikte bewegen ihn dazu, sich mit seinen Gefühlen und der Trauer auseinanderzusetzen. Letztlich zeigen seine Gefährten Verständnis und es entsteht eine Freundschaft, die bis ans Ende des Pilgerwegs und darüber hinaus anhält. Avery selbst findet seinen Frieden und lässt die Urkunde für die Wanderung auf den Namen seines Sohnes ausstellen – dies war die Mission, die sich Avery selbst seinem Sohn zuliebe aufgetragen hatte.

Dieser Film ist als ein leider unzureichend bekanntes Meisterwerk einzustufen. Es erzählt die Geschichte eines trauernden Vaters und ebenso die Geschichte anderer Menschen mit persönlichen Problemen auf der Suche nach Antworten. Dabei kommt der Film ohne ein großes Tam-Tam und Drumherum aus; er lebt von einer absoluten Menschlichkeit, die die Geschichte maximal authentisch macht – *ein Aufruf zum Reisen im Sinne der Trauerverarbeitung!*

Briefe vom verstorbenen Ehemann

Ein weiterer inspirierender Film ist das Drama *P.S. Ich liebe dich*, in welchem Holly (gespielt von Hilary Swank) ihren Ehemann Gerry (gespielt von Gerard Butler) aufgrund eines Hirntumors verliert. Dieser hat vor seinem Tode bereits vorbereitende Maßnahmen getroffen, um Holly in Zeiten der Trauer zu Handlungen zu animieren: Es handelt sich dabei um zwölf Briefe, die er selbst geschrieben hat und nach seinem Tode durch seine Mutter Holly zukommen lässt. Diese Briefe beinhalten zum großen Teil Aufgaben, die Holly zu bewerkstelligen hat. Es fängt mit dem ersten Brief zu ihrem 30. Geburtstag an, der sie auffordert, mit ihren Freundinnen den Geburtstag feiern zu gehen. Dieser Brief hört ebenso wie die elf weiteren Briefe mit „P.S. Ich liebe dich" auf und markiert den Beginn einer Reihe an Aufgaben, die der verstorbene Ehemann an seine Liebste stellt. Hierunter fallen Reisen in seine Heimat Irland, Karaoke-Abende, das Aussortieren seiner Kleidung und viele weitere Erlebnisse. Zentrale

Bestandteile der Briefe und Aufgaben an Holly sind es, aktiv zu sein, sich zu erinnern und zu reisen.

Der Film zeigt sich in der überfüllten Film-Landschaft der Hollywood-Filme mit einer kreativen Handlung und setzt mit der Idee der Trauerverarbeitung innovative Ansätze. Sie werden in diesem Film Rückblenden sehen, im Rahmen derer Sie Gerry näher kennenlernen werden, um zu erkennen, welch ein sympathischer und wundervoller Mensch er war. Die Rückblenden werden ihn lebendig machen und das Ende des Films wird eine gestärkte Holly hinterlassen, die auch ohne die Briefe mit Ihrer Trauer umzugehen wissen wird – *ein Aufruf zu Aktivität und Bewegung!*

Versöhnung an erster Stelle

Im Film *Mit dir an meiner Seite* deutet zunächst nichts auf den Tod eines Charakters hin. Stattdessen wird die pubertierende Ronnie (gespielt von Miley Cyrus) gezwungen, mit ihrem kleinen Bruder gemeinsam die Sommerferien bei ihrem Vater Steve (gespielt von Greg Kinnear) zu verbringen. Sie hat darauf keine Lust, da sie dem Vater vorwirft, die Familie verlassen zu haben. Dementsprechend schwer zugänglich präsentiert sie sich. Erst, als sie auf den Jugendlichen Will (gespielt von Liam Hemsworth) trifft, der sich ungefähr in ihrem Alter befindet, und mit ihm gemeinsame Interessen sowie Liebe zu ihm entwickelt, wird sie zugänglicher und verzeiht nach und nach ihrem Vater, wobei sie erfährt, dass die Dinge nicht so waren, wie sie ihr erschienen und der Vater die Familie nie im Stich gelassen hatte. In diesen Moment der Wiedervereinigung fällt ein Notfall, in dem der Vater auf dem Boden zusammenbricht. Er wird ins Krankenhaus eingeliefert und Ronnie erfährt von dem Lungenkrebs, den ihr ihr Vater verheimlicht hatte. Er wollte seinen letzten Sommer mit seinen Kindern verbringen. Ronnie entscheidet sich, über die Sommerferien hinaus bei ihrem Vater zu bleiben, bis dieser gestorben ist. Kurz bevor er stirbt, sagt Steve seiner Tochter, er würde auch nach seinem Tod immer bei ihr bleiben. So würde das Licht, das durch die Fenster scheint, ihr signalisieren, er sei gerade für sie da.

Der Film geht einem insbesondere deswegen nahe, weil man den Vater im Laufe der Zeit näher kennenlernt und ihn ins Herz schließt. Zudem trifft es schwer, dass sich gerade zu einem Zeitpunkt, wo alles gut zu werden scheint, die Krankheit des Vaters herausstellt. Letzten Endes fühlt man als Zuschauer förmlich mit, wie wichtig es der jungen Tochter ist, sich mit dem Vater zuvor versöhnt zu haben und für ihn dagewesen zu sein. Was Zuschauern, die sich nicht mit Ihren Eltern versöhnen konnten, hilft, ist die Tatsache, dass der Film darstellt, dass die Eltern immer bereit zur Versöhnung sind. Dementsprechend können Sie sicher sein, dass Sie sich ebenfalls mit Ihren Eltern versöhnt hätten. Ihre Eltern sind mit den besten Gedanken an Sie gegangen – *ein Aufruf zum Loslassen der Schuldgefühle und zum Finden des Friedens!*

Lieder, die das Herz auf eine unvergleichliche Weise berühren

Manche Menschen sagen, Musik sei eine eigene Sprache. Bestimmte Menschen sprechen sogar auf diese Sprache besser an als auf Worte. Wenn all die klassischen Trauerbekundungen und motivierenden Standardsprüche zunehmend belastend werden, bringt sich die Musik als eine Alternative ein. Das Instrumental, das seine eigenen Aussagen macht, und die Texte der Sänger, die wohl durchdacht sind und gelegentlich sogar eine eigene Geschichte zum Ausdruck bringen – eine Welt für sich!

> **Aus dem Leben anderer ...**
>
> Herbert Grönemeyer ist aus der deutschen Musiklandschaft kaum wegzudenken. Er füllt Stadien, ist mal der Rockmusiker, mal der Romantiker und mal der Trauernde. Seine Ehefrau Anna Henkel-Grönemeyer starb 1998 im Alter von nur 45 Jahren an den Folgen einer Brustkrebs-Erkrankung. Sie hinterließ ihren Ehemann Herbert Grönemeyer mit den beiden Kindern Felix, damals 11, und Marie, damals 9. Grönemeyer verarbeitete seine Trauer im Album *Mensch*. Es entstanden Hymnen für die Ewigkeit, mit denen sich Trauernde in Deutschland bis heute identifizieren.

Im Folgenden lernen Sie eines der Lieder von Grönemeyer und zwei weitere bewegende Lieder populärer Musiker kennen, die sich mit dem Trauern befassen. Haben Sie Verständnis dafür, dass es sich ausschließlich um deutsche Lieder handelt. Zwar ließen sich auch englische Klassiker übersetzen, doch das Problem ist, dass diese Übersetzungen die Metaphern aus dem Original-Englischen von der tieferen Bedeutung her nicht adäquat transportieren würden.

Und wenn ein Lied ... (Söhne Mannheims)

Das Lied *Und wenn ein Lied ...* der Söhne Mannheims[11] ist ein Plädoyer für die Liebe, die den Tod überdauert. Es erzählt die Geschichte eines Mannes, der um seine Frau trauert, lässt sich ebenso aber auf andere Trauernde und deren Bezugspersonen beziehen. Zentrale Thesen des Liedes sind folgende:

❖ *„Eine Wüste aus Beton und Asphalt, doch sie lebt und öffnet einen Spalt. Der dir Neues zeigt, zeigt das Altes*

---

[11] https://www.youtube.com/watch?v=RtuW08ZIgvg

weicht, auch wenn dein Schmerz bis an den Himmel reicht."

Die Welt mag einer harten, dunklen Wüste ähneln und leblos erscheinen. Aber sie öffnet sich und es ist Leben vorhanden: Der Schmerz über den Verlust mag groß sein, doch das Leben geht weiter. Denn das Alte wird weichen und durch Neues ersetzt werden – neue Erlebnisse, neue Menschen, neue Träume.

- *„In unsrer Sanduhr fällt das letzte Korn. Ich hab' gewonnen und hab' ebenso verlor'n. Jedoch missen möcht' ich nichts, alles bleibt unser gedanklicher Besitz."*

Die Beziehung ist mit dem letzten Korn in der Sanduhr vorbei. Einerseits wurde gewonnen, was durch die fantastischen Lebensabschnitte mit dem Menschen zum Ausdruck gebracht wird. Andererseits steht durch den Verlust des Menschen am Ende eine Niederlage. Dennoch wird jeder Moment mit der Person dankend angenommen, denn durch die Erinnerungen bleibt er als gedanklicher Besitz erhalten.

Das Lied als Gesamtwerk ist wundervoll und es ist wert, sich das Video anzusehen. Dieses spiegelt die Verzweiflung wider. Als Motiv zur Wiedererweckung der gestorbenen Person wird von den Männern ein Musikinstrument, der Flügel, ins Krankenhaus gebracht, aber die Ärzte halten die Männer mit Argumenten auf – *ein Aufruf, die Erinnerungen zu bewahren!*

Der Link zum Lied: https://www.youtube.com/watch?v=RtuWo8ZIgvg

Der Weg (Herbert Grönemeyer)

Herbert Grönemeyer widmet das Lied *Der Weg*[12] seiner verstorbenen Ehefrau. Er stellt in dem Lied seine Gefühlslage und Gedanken klar dar, sodass keine großen Interpretationen vom Zuhörer gefragt sind. Dennoch verwen-

---

[12] https://www.youtube.com/watch?v=xSWJBClrmgo

det er die ein oder andere Metapher und verpackt seinen Gemütszustand in feine Worte, die bei jedem Zuhörer die Vorstellungskraft zum Leben erwecken. Dabei spiegeln sich in seinem Liedtext zum Teil die Trauerphasen chronologisch wider.

So bezieht er sich anfangs auf die Ungläubigkeit, indem er darauf verweist, er könne nicht mehr sehn' und traue seinen Augen nicht. Er verweilt in einem Zustand der Lethargie und ist sogar „zu träge, um aufzugeben".

Im weiteren Verlauf bezieht er sich auf seine Erinnerungen und gedenkt der Liebe, den gemeinsamen Aktivitäten und den Zeiten in Krankheit sowie Gesundheit. Im Refrain setzt sich diese Denkweise weiter fort, wobei seine Stimme lauter und belebter wird. Es brechen die Emotionen heraus, er singt: „Das Leben ist nicht fair." Das Instrumental wird lauter und schneller, was den Ausbruch der Emotionen im Rahmen einer Trauerphase unterstreicht.

Die zweite Strophe nach dem Refrain gewinnt im Vergleich zur ersten Strophe an Dynamik, die Emotionen werden aber positiver: Er erinnert sich an seine Frau, wie Sie „vom gold'nen Balkon die Unendlichkeit verfolgt(e)". Alles sei erlaubt, sie beide gemeinsam im Mittsommernachtstraum gewesen.

Daraufhin folgt erneut der Refrain, allerdings abgeändert. Er gedenkt seiner Frau mit ihrer „heitere(n) Würde" und ihrem „unerschütterliche(n) Geschick". Sie habe im Angesicht des Todes „der Fügung (ihre) Stirn geboten". Somit erinnert er sich an die Größe seiner Frau in einem schwierigen Moment und zollt dieser Größe Respekt. Die letzten Worte des Refrains sind nicht mehr wie beim ersten Refrain, dass das Leben nicht fair ist, stattdessen singt er von dem Plan vom Glück, den seine Frau hatte, aber nie verraten hat.

Zum Ende des Liedes singt Herbert Grönemeyer, er „gehe nicht weg" und habe „seine Frist verlängert". Er breche zu neuen Zeitreisen auf, habe sie sicher in seiner Seele – er behält sie also in Erinnerung – und trage sie bei sich, „bis der Vorhang fällt". Mit dem fallenden Vorhang ist sein eigener Tod gemeint, in dem beide vereint sein werden.

Der im Lied geschilderte Trauerprozess über den Tod seiner Frau illustriert einmal mehr, wie normal die einzelnen Trauerphasen sind – von der Lethargie über die die aufbrechenden Emotionen und Gedanken über die Unfairness bis hin zur Akzeptanz mit einem neuen Selbst- und Weltbezug! Hören Sie gern in dieses Lied rein, denn es ist in jeder Trauerphase ein wundervoller und einfühlsamer Begleiter, der Ihnen immer zuhören wird – *ein Aufruf, die Trauer mit all ihren Phasen bewusst zu durchleben!*

Der Link zum Lied: https://www.youtube.com/watch?v=xSWJBClrmgo

Amoi seg' ma uns wieder (Andreas Gabalier)

Das Lied *Amoi seg' ma uns wieder* von Andreas Gabalier[13] hat es in Deutschland zu enormer Bekanntheit gebracht. Dies ist zum einen der Tatsache zu verdanken, dass Andreas Gabalier einer der hierzulande bekanntesten Volks-Rock-Musiker ist, zum anderen jedoch zeigt das Lied eine andere Seite des Volksmusikers: Es handelt sich um eine hochemotionale Seite, die das Thema Tod in einem ganz friedlichen Gewand betrachtet. Es wird mit keinem Wort von Schmerzen, Verlusten oder Trauer gesprochen, stattdessen von der Natürlichkeit des Todes und der Dankbarkeit, ins Himmelsreich aufgenommen zu werden.

So beginnt Gabalier im Text mit der Aussage, uns allen sei die Zeit, zu gehen, vorbestimmt. Er vergleicht es mit einem Blatt, welches vom Wind getragen wird. Falls Sie sich noch an die Natursymbole erinnern, die im Laufe dieses Kapitels erläutert wurden, so lässt sich auch hier übertragen, dass die Natur eine Konstante darstellt. Weiter singt Gabalier von dem gefrierenden Blut, welches das Aufsteigen in den Himmel andeutet. Er ist sich gewiss: „Weil es gibt was nach dem Leben, du wirst schon sehn."

---

[13] https://www.youtube.com/watch?v=vyQf9nB4eYk

Für den Hinterbliebenen bleibt die Erinnerung, mit der nach und nach klar wird, dass „nichts mehr ist, wie's war". Doch die Hoffnung auf ein Wiedersehen wird „die Kraft in den Herzschlag legen, um weiter zu leben." Dies ist die einzige Stelle im Lied, an der sich Kummer beim Hinterbliebenen interpretieren lässt, woraufhin die Erinnerung direkt neue Lebenskraft spendet.

Abschließend folgt der Refrain ein weiteres Mal, welcher zeigt, dass auch der Hinterbliebene sich irgendwann auf seine „alten Tage dankend nieder(legen)" wird, sobald er stirbt.

Alles in allem bringt Gabalier in einer Art und Weise das Übermenschliche ins Spiel, die gar nicht erfordert, an Gott zu glauben, um sich von dem Lied beruhigen zu lassen. Zwar hilft der Glaube und allem voran für regelmäßige Kirchgänger ist dieses Lied eine Bereicherung, doch im Grunde genommen findet jede Person in den Worten Gabaliers einen ruhigen Hafen und zumindest den freudigen Gedanken, dass die gestorbene Person nun an einem besseren Ort ist – *ein Aufruf zum Glauben!*

Der Link zum Lied: https://www.youtube.com/watch?v=vyQf9nB4eYk

9. Schritt: NLP – Wie Sie mithilfe eines psychologischen Modells Ihr Leben differenzierter betrachten

Das NLP ist ein psychologisches Modell mit Ursprung in den 1970er Jahren. Der Beginn der Geschichte hört sich nicht so vielversprechend an, denn wenn ein Mathematiker und ein Psychologe sich zusammentun und anhand fester Muster allgemeingeltende Methoden sowie Formeln zur Psychotherapie und Psychologie ableiten wollen, so sind gewisse Zweifel an der Wirkung eines solchen Modells sicherlich berechtigt. Das NLP ist jedoch im Laufe der Jahrzehnte zu einem angesehenen Modell geworden, welches von Psychologen und Psychotherapeuten sowie Coaches und vielen mehr angewendet wird. Das NLP hat sich einen Weg in die höchsten Kreise von Management, Psychologie und weiteren Instanzen gebahnt. Doch worum geht es bei der mittlerweile erfolgreichen und vieldiskutierten Anwendung?

NLP steht für „Neuro-Linguistisches Programmieren". Es zielt darauf ab, anhand der Kraft der Worte sowie der Gedanken das Unterbewusstsein, den Verstand und allgemein den gesamten Menschen zu programmieren. Diese Programmierung kann verschiedenen Zwecken dienen, wobei uns die Trauerverarbeitung interessiert. Die hierfür wichtigste und hilfreichste Annahme, die im NLP formuliert wird, ist die folgende: „Die Landkarte ist nicht das Gebiet."

Mit Hilfe dieser Annahme werden Personen dazu animiert, verschiedene Sichtweisen auf Menschen, Ereignisse oder andere Dinge einzunehmen. Das, was wir auf der Landkarte sehen – also ein Ereignis, das wir wahrnehmen –, ist nämlich nicht gleichbedeutend mit dem Gebiet – also dem, was sich dahinter an diversen Details verbirgt. So ist auch der Tod nicht unbedingt das, was wir dahinter zu sehen glauben ...

Von Tag zu Tag leben

Im Kontext des Todes eines Menschen ist die Rede von einem Verlust. Diese Ausdrucksweise wurde auch in diesem Ratgeber mehrmals angewendet, weil sie nur allzu logisch ist. Der Mensch geht schließlich von uns. Das NLP animiert jedoch, die Dinge aus einem anderen Blickwinkel zu betrachten, weswegen wir uns darum in diesem Kontext bemühen.

> **Hinweis!**
> Die folgenden Erläuterungen sollen Sie NICHT umstimmen. Es geht lediglich darum, zu zeigen, dass jeder Sachverhalt anders betrachtet werden kann. Dies verhilft dabei, die Trauer anders zu verarbeiten und dem Tod unter Umständen eine andere Bedeutung zuzuordnen. Das NLP wird häufig kritisiert, weil es mit seinen Deutungen und Sichtweisen aneckt. Allerdings muss eingestanden werden, dass das NLP nie einen Anspruch auf Richtigkeit und Allgemeingültigkeit erhoben hat. Es handelt sich bei dem Modell um eine Art Inspiration zur Erweiterung der eigenen Sichtweise auf die verschiedensten Dinge. Entscheiden Sie sich, was Sie mit den folgenden Inspirationen machen. Unter Umständen kommen Sie auf andere Ideen, als die hier erläuterten, und finden auf diesem Wege zu einem besseren Umgang mit dem Tod. Am Ende ist nur wichtig, dass Sie die für Sie beste Sichtweise finden.

Nun setzen wir am Verlustgedanken an. Der Begriff „Verlust" impliziert, dass wir etwas verloren hätten. Wie wäre es aber, wenn wir die Denkweise ändern würden? Und zwar in: „Ich habe etwas abgegeben." Der antike Philosoph Epiktet verfasste das Handbüchlein der stoischen Moral[14], in dem passend dazu geschrieben steht:

„Sage nie von einem Ding: ich habe es verloren; sondern: ich habe es zurückgegeben."
- Epiktet (antiker Philosoph; geb. 50, gest. 150)

Ersetzen wir den Begriff „Ding" durch „Mensch", so ist es für unser Thema adäquater, transportiert letzten Endes

---

[14] https://www.susannealbers.de/literatur/EpiktetstoischeMoral.pdf

jedoch dieselbe wichtige Botschaft. Nämlich: Alles, was wir im Leben haben, ist geliehen. Fein formuliert es Norman Brenner in seinem Blog Vernünftig-Leben[15], in dem er die gleiche Feststellung sogar für materielle Dinge trifft: Die Rechtsordnung mag uns zwar unser Eigentum – Auto, Haus, Kleidung und weiteres – zuschreiben und Herrschaftsrecht an einer Sache definieren. Aber gegen eine Komponente können wir unser Eigentum nicht verteidigen: Gegen das Schicksal. Darüber hinaus wird in der Rechtsordnung nur von Sachen gesprochen. Menschen fallen nicht unter den Paragrafen, was nochmals verdeutlicht, wie sehr geliehen die Zeit mit den Menschen ist. Dieser Blickwinkel, dass alles nur geliehen ist, lässt uns voller Güte und Dankbarkeit auf die Zeit mit dem Menschen zurückblicken: Wir haben uns Zeit – das wertvollste Gut des Universums – mit der Person geliehen, ohne eine spezielle Zahlung dafür leisten zu müssen! Dass diese Zeit nicht ewig anhalten würde, wussten wir vorher, denn jeder Mensch muss sterben. Von daher ähneln sämtliche Bedingungen denen einer Leihgabe.

Diese Sichtweise mag einigen Personen befremdlich erscheinen, jedoch ist darin Wahrheit enthalten. Jeder Leser und jede Leserin entscheiden, wie groß dieses Stückchen Wahrheit für ihn oder sie persönlich ausfällt. Die Tatsache, dass die Zeit mit jedem Menschen nur geliehen ist, lässt den Tod besser verkraften, aber ebenso die Bedeutung jedes einzelnen Tages besser erfassen: Es ist wichtig, von Tag zu Tag zu leben und sich für jeden dieser Tage mit den Personen, die wir lieben, dankbar zu zeigen. Und solche Personen gibt es immer! Falls Sie diese aktuell nicht zu haben glauben, dann müssen Sie diese nur finden.

Neue Perspektiven wahrnehmen

Ein weiterer möglicher Blickwinkel: Mit dem Tod eines geliebten Menschen geht zwar etwas verloren – oder bei

---

[15] https://www.vernuenftig-leben.de/wie-du-jeden-verlust-gelassen-ertraegst/

Beherzigung der vorigen Erkenntnis: es wird etwas abgegeben – doch zugleich erschließen sich dadurch neue Perspektiven. In der Anfangsphase des Trauerprozesses werden Sie noch zu stark von der Trauer gefesselt sein, um die Perspektiven in Erwägung zu ziehen, oder eine solche Sichtweise sogar als unangebracht empfinden. Doch im Laufe der Zeit werden Sie im Rahmen des neuen Selbst- und Weltbezugs die Perspektiven wahrnehmen können oder sogar dazu gezwungen sein. So findet sich im Blog Trauerdrucksachen[16] als eine beispielhaft formulierte Perspektive die Möglichkeit, mehr Verantwortungsbewusstsein zu übernehmen. Die Eltern können nicht mehr für einen geradestehen, was die Chance eröffnet, die Eltern im Nachhinein durch ein gestiegenes Verantwortungsbewusstsein stolz zu machen.

Die Sichtweise, aus dem Tod der Eltern neue Perspektiven abzuleiten, ist ein fortschrittlicher Bestandteil des Trauerprozesses. Er ist jedoch nicht zwingend selten, sondern vielmehr bei vielen Trauerprozessen auffindbar:

- ❖ Söhne oder Töchter übernehmend das Unternehmen Ihres Elternteils und können dieses persönlich prägen
- ❖ Trauernde setzen das soziale Engagement des Partners fort, wie es das vorgestellte Buch *Weiß der Himmel von dir* von Alicia Bessette zeigt
- ❖ Trauernde sind von der Fürsorge und den Sorgen der Eltern befreit und entschließen sich, mit den neuen Freiheiten ihre Träume zu verwirklichen

Alles in allem erfordert das Wahrnehmen neuer Perspektiven ein Stück weit die Erkenntnis, dass der Tod der Geliebten etwas Positives hat. Was unerhört klingen mag, ist ein integraler Bestandteil dessen, nach vorn zu schauen und ein selbstbestimmtes Leben zu führen.

Das ist das NLP – es geht unkonventionelle Wege bei der Eröffnung von Sichtweisen. Dabei ist der Anspruch nicht,

---

[16] https://trauerdrucksachen.info/blog/der-tod-der-eltern-gefuehle-umgang-mit-der-trauer/

Menschen umzustimmen oder zu verändern, sondern die Menschen anzuregen, sich verschiedenen Blickwinkeln zu öffnen. Finden Sie Ihre Blickwinkel und gehen Sie dabei so weit, wie Sie es sich zutrauen. Sobald die Wunden in Ihrem Geist kleiner werden, werden Sie auch mit dem NLP mutigere Wege gehen und faszinierende Lebensaufgaben finden.

Zusammenfassung: Flexibilität als Schlüsselgröße

Die Wege zur Trauerüberwindung gehen in die verschiedensten Richtungen. Von psychotherapeutischen Methoden über Ansätze zur Änderung der Lebensweise bis hin zu hilfreichen Medien und persönlicher Aktivität. So vielschichtig wie die Wege sind, ist auch der Trauerprozess an sich. Während in der ersten Trauerphase wohl keine der Methoden hilfreich ist und Sie dazu neigen werden, diesen Ratgeber in einer Ecke Ihres Bücherregals verstauben zu lassen, erweisen sich in den weiteren Trauerphasen die einzelnen Schritte mal mehr, mal weniger als nützlich. Da sich die Situation von einem Tag zum anderen ändern kann und meistens ändert, ist es Ihnen empfohlen, sich jeder Methode mehrmals zu verschiedenen Zeitpunkten zu widmen. Das wichtigste Element haben Sie bereits durch den Trauerprozess an sich: Flexibilität. Da die verschiedenen Trauerphasen und deren Emotionen Sie flexibel machen, wird früher oder später jede der vorgestellten Methoden Ihre Wirkung haben. Gehen Sie im Trauerprozess stets nach Ihrem inneren Gefühl, welches Ihnen zuverlässig aufzeigen wird, welche Methode geeignet und richtig ist. Es ist nicht die Rede davon, dass es einfach sein wird. Aber es wird sich lohnen …

Das neue Leben dankbar wahrnehmen

Dass nach einem abgeschlossenen Trauerprozess direkt der Start in ein neues Leben ohne Hindernisse erfolgt, ist unwahrscheinlich. Obwohl sich die ehemals trauernde Person absolut bereit fühlt, steht ihr eine gewisse Angst im Wege; es ist die Angst, die verstorbene Person in einem Leben ohne Trauer zu vergessen. Wieso diese Angst unbegründet ist und wie es Ihnen gelingt, Ihre durch den Trauerprozess geänderte Persönlichkeit in einem neuen Alltag widerzuspiegeln, ist Gegenstand dieses Kapitels. Außerdem erhalten Sie Tipps, wie Sie mit dem wertvollsten Gut, dass den Menschen auf diesem Planeten gegeben ist, am besten umgehen. Mit diesem Gut ist die Zeit gemeint.

Keinen Platz der Angst!

Ein Grund, weswegen sich viele Personen auch nach der Akzeptanz des Todes eines geliebten Menschen scheuen, das neue Leben dankbar wahrzunehmen, ist die Angst vor dem Vergessen. Damit ist gemeint, dass im Trubel des Alltags, der neuen Interessen und der täglichen Herausforderungen die Erinnerung an die verstorbene Person in Vergessenheit gerät. Selbst, wenn jede Faser des Körpers nach einem Eintritt ins Leben schreit und die Trauer hinter sich gelassen wurde, sind bei einigen Personen noch diese paar Restgedanken präsent, an die sie sich klammern und wegen derer sie sich weigern, sich dankbar dem Leben zu widmen: *Was ist, wenn ich mit der Zeit den Verstorbenen vergesse? Was ist, wenn ich mich vergesse und ebenso meine Identität, indem ich mich von der Trauer und den vielen Gedanken an die geliebte Person trenne? Was sagt es über mich aus, wenn ich die Person vergessen und egoistisch mein Leben genießen sollte?*

Alles in allem sind diese Gedanken natürlich. Diesen Gedanken lässt sich sogar Positives abgewinnen: Denn offensichtlich ist die Liebe derart stark, dass sie sich sogar nach der erfolgreichen Trauerverarbeitung danach verzehrt, beim Verstorbenen zu bleiben. Doch seien Sie sich sicher: Insbesondere dann, wenn Sie diese Gedanken haben, werden Sie die verstorbene Person definitiv nie vergessen.

Aber ob mit diesen Gedanken oder ohne, Sie durften lernen, dass Ihnen eine wichtige Person in vielfacher Hinsicht bestehen bleibt. So haben Ihnen die einzelnen Wege zur Trauerbewältigung beigebracht, beispielsweise Erinnerungsfeiern abzuhalten. Ein Arm- oder Halsband, welches Sie von der verstorbenen Person tragen, wird ebenfalls der bindende Anker sein, der Ihnen beim Erinnern definitiv helfen wird. Die Natursymbolik hat eine immense Bedeutung und schickt Ihnen gelegentlich besondere Zeichen. Haben Sie beispielsweise für sich beschlossen, dass die am Morgen durch das Fenster scheinende Sonne ein Zeichen des Verstorbenen ist, der Sie liebevoll begrüßt, dann werden Sie sich natürlich am Anfang der Trauerverarbeitung stärker dran klammern als in fünf oder zehn Jahren, sobald Sie die Trauer schon längst überwunden und ein neues Leben gestartet haben. Doch einer Sache dürfen Sie sich auch an dieser Stelle sicher sein: Es wird den ein oder anderen Morgen geben, an welchem die Sonne ganz besonders stark scheint, was sogar im Winter der Fall sein kann. Exakt in diesem Moment werden Sie sich wieder zurückerinnern und mit einem Lächeln denken: „Ja, meine Eltern sind da."

Abseits der Natursymbolik und den vielen anderen Ritualen, Methoden sowie weiteren Aspekten werden Sie aber aufgrund einer weiteren Tatsache die Person nicht vergessen, die Ihnen so viel bedeutet hat: Der Gedanke an diese Person ist tief in Ihrem Unterbewusstsein verankert. Das Unterbewusstsein vergisst nie, da in diesem die Summe aller Erfahrungen, Erlebnisse, Glaubenssätze und weiteren Ideale sowie persönlichen Eigenschaften zusammenfließt. In Ihren Handlungen und ebenso im Denken wird sich dies widerspiegeln.

Fühlen Sie sich frei, das kleine bisschen Angst vor dem finalen Sprung zu überwinden. Sie möchten springen und wissen, dass Sie viele schöne Dinge im Leben und auf der Welt erwarten. Geben Sie diesem Willen nach, denn auch dieser Wille entspringt dem Unterbewusstsein, welches in all dem Trubel der Trauer die konstante Größe Ihres menschlichen Seins ist. Sobald Sie gesprungen sind, werden Sie alles haben, was Sie für Ihren weiteren Weg brauchen.

Wie gestalte ich meinen weiteren Lebensweg?

Richard Bandler, einer der Begründer des im Buch bereits vorgestellten NLP, sagte einst: „Life is not about finding yourself, life is about creating yourself." Ins Deutsche übersetzt bedeutet dies, dass es im Leben nicht um Selbstfindung geht, sondern darum, sich selbst zu **erfinden**. Über diese Aussage lässt sich streiten und es soll keineswegs ein Plädoyer gegen die Selbstfindung als spirituellen Akt erfolgen. Es geht an dieser Stelle – wie üblich in diesem Ratgeber – um eine von vielen möglichen Sichtweisen, die Ihnen Perspektiven aufzeigt. *Wieso kommt ausgerechnet der Anreiz, sich selbst zu erfinden, an dieser Stelle?*

Grund dafür ist, dass Sie durch den Verlust eines geliebten Menschen den Trauerprozess sowohl als Entwicklungsprozess erfahren haben als auch die zahlreichen Erkenntnisse aus der Beziehung zu dem Menschen als Erfahrungsschatz gewonnen haben, der Ihnen mehr Mittel zur Verfügung stellt, sich selbst zu erfinden, als Sie vorher hatten. Sie entdecken in sich eine Stärke, derer Sie sich zuvor noch nicht bewusst waren. Zudem finden Sie heraus, wie wichtig Beziehungen zur Familie und anderen Menschen sind. Dass entsprechende Beziehungen wichtig sind, wissen Menschen bereits vorher. Aber **wie wichtig** diese Beziehungen **für einen persönlich** sind, wird meist erst dann klar, wenn ein Verlust eintritt, der aufzeigt, was man neben dem Menschen zusätzlich verloren hat.

> **Übung!**
> Schreiben Sie die Namen aller Menschen auf, zu denen Sie eine enge Beziehung haben. Wie Sie „eng" in diesem Kontext definieren, bleibt Ihnen überlassen. Sobald Sie die Namen dieser Menschen aufgeschrieben haben, notieren Sie als zusätzliche Informationen zu diesen Menschen je drei Eigenschaften, die den Charakter der Menschen widerspiegeln und beschreiben, weswegen Ihnen die Menschen besonders wichtig sind. Dies ist keine Aufgabe für eine Stunde, sondern eine, die mehrere Tage dauert und die Liste mit jedem Tag größer werden lässt. Nehmen Sie sich Zeit und schreiben Sie Dinge auf, die nicht offensichtlich sind. Hiermit sind Dinge gemeint, die tief ins Zwischenmenschliche gehen. Sagt Ihnen beispielsweise der Humor der Person zu, dann schreiben Sie auf, in welchen Situationen dies der Fall ist und welcher Art der Humor ist: Sind die ironischen Kommentare perfekt platziert oder ist es die trockene Art von Humor, welche die Person auszeichnet? Nach dieser Übung werden Sie die Einzigartigkeit Ihrer Liebsten noch besser kennen als bisher und Ihre Liebsten maximal wertschätzen. Sie werden jeden Moment der gemeinsamen Zeit besser ausnutzen können, was immens wichtig ist. Denn wie Sie wissen, ist die Zeit nur geliehen, wenngleich es die beste Leihgabe im eigenen Leben ist.

Dies ist ein Beispiel, wie Sie Ihren Lebensweg am besten gestalten. Suchen Sie sich eine Erfahrung heraus, die Sie im Laufe des Trauerprozesses gemacht haben, und überlegen Sie sich, wie Sie diese bestmöglich in Ihrem Leben beherzigen können. Haben Sie erkannt, dass es Ihnen Freude bereitet, sich sozial zu engagieren, weil dies der verstorbenen Person besonders lag, und darin ein neues Interesse gefunden, dann ist wichtig, dass Sie dieses soziale Engagement in Ihren Alltag integrieren. Es ist nun Teil Ihrer nach dem Trauerprozess veränderten Persönlichkeit. Dieser Persönlichkeit sollten Sie durch einen neuen Alltag Raum zur Entfaltung geben, da Sie ansonsten zu Unzufriedenheit neigen werden. Sie müssen weder Ihr ganzes Leben auf den Kopf stellen noch an zahlreichen Stellschrauben drehen. Aber hören Sie auf das, was Sie im Laufe des Trauerprozesses gelernt und vielleicht sogar im Tagebuch aufgeschrieben haben. Bauen Sie nach und nach die Veränderungen in den Alltag ein, angefangen bei dem für Sie wichtigsten Punkt.

Nehmen Sie sich Zeit – zum Denken, zum Handeln – und tun Sie alles mit positiver Einstellung!

Die Zeit ist das wertvollste Gut. Würde sie zum Verkauf oder zur Investition stehen, würden sämtliche Personen, die ausreichend Geld haben, in die Zeit investieren. Leider unterliegt das „Ausnutzen der Zeit, die einem gegeben ist" heutzutage vermehrt einer falschen Auffassung. In der schnelllebigen Gesellschaft lernen wir, dass die Zeit dann optimal genutzt wird, wenn wir möglichst viel in Bewegung sind und Produktivität an den Tag legen. Dabei wird Produktivität anhand des Erfolgs, des Vermögens, der Besitztümer und vieler oberflächlicher Dinge bemessen.

Dass es ein sinnvolles Ausnutzen der Zeit sein könnte, wenn wir uns einfach hinsetzen und den Moment genießen, kommt nur einem geringen Anteil der Bevölkerung in den Sinn. *Welche Perspektiven hat es, zu arbeiten und zu „funktionieren", wenn dadurch das Leben an sich verpasst wird?*

Wir sind die Summe dessen, was uns prägt. In diesen Bereich fallen womöglich Vorbilder, Arbeit sowie Hobbies. Doch angefangen hat es stets mit den Menschen, die die Entwicklung verschiedenster Interessen bei uns gefördert haben und unseren Charakter beeinflussten. Anfangs waren es rein die Eltern, dann vermehrt engere Familienmitglieder, im weiteren Verlauf unsere Freunde und, sobald wir erwachsen sind, kommen der Partner, Kinder sowie die Arbeit hinzu. Die Arbeit ist wichtig, keine Frage. Doch so wichtig, wie man es sich häufig vorlügt, ist sie nicht. An dieser Stelle ist die Frage angemessen: Wann war ich glücklicher? Als mich die Menschen geprägt haben und ich mich mit ihnen befassen konnte, oder als mich die Arbeit prägte? Diese Frage wird als ein Denkanstoß gegeben, über den Sie gern nachdenken dürfen, wenn Sie möchten.

> **Hinweis!**
> Die Familie vermag es, sogar existenzielle Sorgen einzudämmen. Der Film *John Q – Verzweifelte Wut* erzählt die Geschichte eines Vaters (gespielt von Denzel Washington), der sich aufgrund des geringen Einkommens und bestehender Schulden Sorgen um seine Familie macht. Doch sein geliebter Sohn ist in der Lage, ihn jedes Mal zum Lachen zu bringen. Als sein Sohn erkrankt und eine Herztransplantation benötigt, die Vater und Mutter nicht finanzieren können, verkaufen die beiden all ihr Hab und Gut und haben nur noch die Finanzierung der Transplantation im Auge. Als auch die verkauften Besitztümer nicht ausreichen, geht der Vater noch weiter und setzt durch eine Geiselname im Krankenhaus zur Erpressung einer Transplantation seine Freiheit und persönliche Zukunft aufs Spiel. Dass der Film ein Happy End hat, ist der Tatsache zu verdanken, dass es ein Film ist: Der Vater kommt nur für wenige Jahre ins Gefängnis und sein Sohn überlebt. Aber der Film mahnt: Wenn es ernst wird, sind die Menschen das wichtigste.

Es geht also letzten Endes darum, sich Zeit zu nehmen, von dem in der Gesellschaft häufig vorherrschenden Produktivitätswahn Abstand zu gewinnen. Wundervoll verbrachte

Zeit kann auch das gemeinsame Schweigen mit einem Menschen sein, der einem viel bedeutet, und für den man dasselbe empfindet.

Wenn Sie sich nun entscheiden, Handlungen zu vollziehen oder Gedankengänge zu hegen – das als letzter wichtiger Tipp mit auf den Weg – dann denken Sie immer positiv. Positives Denken meint hierbei, dass Sie **nie** eine Negation verwenden. Sätze wie „Ich werde nicht scheitern" mögen zwar der Bewertung des Ausgangs nach positiv sein, jedoch stellt die Negation das Unterbewusstsein vor ein Problem: Es nimmt die Negation nicht wahr. Dieses umgeht das kleine, aber wichtige „nicht" und schnappt lediglich das Schlüsselwort „scheitern" auf. So kommt es dazu, dass der Sinn der Aussage verfehlt wird. Sie scheitern dadurch nicht zwingend, aber Ihr tief in Ihnen befindliches Unterbewusstsein wird alles andere als vollends positiv gestimmt. Denken Sie deswegen immer „Ich werde es schaffen!" Dieser Satz ist eine der Botschaften, die Sie bei dem Übergang von der Trauer in ein neues Leben entscheidend unterstützen wird: Am Anfang, wenn Sie Angst haben, in das neue Leben zu treten, weil Sie die geliebte Person vergessen könnten, werden Sie es schaffen, das neue Leben zu meistern, und sich nach wie vor bestens an die Person erinnern. Bei der Integration Ihrer neuen Interessen in den Alltag werden Sie es schaffen, die Herausforderung zu meistern. Und zu guter Letzt werden Sie es ebenso schaffen, positiv zu denken und die Aufgaben im Leben richtig zu gewichten, um sich mal Zeit dafür zu nehmen, den Menschen zu begegnen, um außer der Arbeit oder anderen Aufgaben eine essenzielle Komponente des menschlichen Seins abzudecken: Das Gemeinsam-Sein.

Der Tod – Durch einfache Worte entzaubert ...

Das Kapitel *Die Entzauberung des Todes* (verfasst von Jürgen August Alt) und veröffentlicht im Werk *Nimm den Tod persönlich* (Roth & Schwikart, 2009) liefert die Basis für dieses abschließende Unterkapitel vor der Zusammenfassung des gesamten Kapitels.

Der Tod hat ebenso wie das Leben eine lange Geschichte. Sie findet wie das Leben ihren Ursprung mit der ersten Spezies, die sich des Todes und dessen Bedeutung bewusst werden konnte. Dies waren dem wissenschaftlichen Einvernehmen nach wir Menschen. Wissenschaftliches Einvernehmen – nach diesem ging es in der Geschichte des Todes nicht immer zu. Genau genommen ist erst seit wenigen Jahrhunderten eine wissenschaftliche Sichtweise eingekehrt. Davor rankten sich Mythen, Aberglaube und religiöse Widersprüche um das Thema Tod.

Ab dem 13. Jahrhundert wurde der Großteil der Menschen in Europa durch die Kirche beeinflusst. Die Menschen selbst, Analphabeten und ungebildet, glaubten an die Vorgabe der Kirche, dass es ein Fegefeuer gab. Damit war ein reinigendes Feuer gemeint, welches fernab von Himmel und Hölle lag. Es bildete einen Zwischenraum. In diesem Zwischenraum war es den Personen, die noch nicht rein und für den Himmel bereit sind, möglich, sich von den Sünden reinzuwaschen. Die Hinterbliebenen begannen also, zu beten. Es wurde behauptet, dass die Menschen den Toten aus der Zwischenwelt begegnen konnten. Erzählungen, sie würden auf dem Friedhof gemeinsam mit Dämonen spuken, waren ein fester Bestandteil des Glaubens der damaligen Menschen. Die wenigen Gebildeten in Universitäten stemmten sich vergeblich gegen den Einfluss und die Macht der Kirche.

Mit der Reformation um Martin Luther änderte sich die Denkweise grundlegend. Er lehnte das Fegefeuer als Idee ab und setzte sich für eine distanzierte Betrachtung des Todes ein. Friedhöfe wurden deswegen vermehrt an Stadträndern errichtet. Mit dem zunehmenden Interesse an hygienischen Maßnahmen zur Verhinderung von Krankheiten nahm die Distanz zum Tode zu. Nun rückte auch die Trauerfeier vom Grab weg. Der Verstorbene wurde beerdigt, die Trauerfeier an einem anderen Ort zu einer anderen Zeit abgehalten.

Einen weiteren Einfluss auf die Distanzierung zum Tod hatten schwere Krankheiten und Massensterben, wie z. B.

durch die Pest. Diese hatten sowohl das gewöhnliche Volk als auch den Klerus über mehrere Jahrhunderte dazu animiert, nach Erklärungen zu suchen, die von der Bestrafung durch Gott bis hin zu absurden Pesthauch-Theorien führten. Die gebildeten Eliten entwickelten eine verstärkt wissenschaftliche Haltung, die den Startschuss zur heutigen Zeit bildete:

- Es entstehen Forschungseinrichtungen
- In Wien und darüber hinaus werden Gesundheitssysteme etabliert
- Erste verpflichtende Impfungen für die Bevölkerung werden installiert
- Die Autorität der Kirche nimmt ab
- Zuversicht und Erfolg bei der Bekämpfung von Krankheiten nehmen zu

Parallel dazu wird Wissen begehrter und der Masse zugänglicher. Alphabetisierungsprojekte legen den Grundstein, die freiere Denkweise der Menschen ist losgekoppelt von Aberglauben und bildet mit dem persönlichen Forschungsdrang ein weiteres wichtiges Element der Popularisierung des Wissens.

Heute ist die wissenschaftliche Herangehensweise gang und gäbe. Dies schließt den Glauben nicht aus, was sich darin widerspiegelt, dass zahlreiche Gläubige wissenschaftlich interessiert und viele Wissenschaftler zugleich gläubig sind. Der Urknall schließt die Geschichte über Adam und Eva ebenso wenig aus wie der Tod eine weitere Existenz im Himmelreich ausschließt. Sämtliche Blickwinkel haben allerdings etwas gemeinsam: Der Tod wird als etwas Natürliches erachtet. Vereinzelt wird nach dem Sinn des Todes gesucht, aber außer dem Sinn, den wir dem Tod eines Menschen im Nachhinein geben, lässt sich bisher kein Sinn nachweisen.

Mit dem Leben wiederum gestaltet es sich anders: Hier entscheiden wir selbst, was wir tun, wie wir es tun und allem voran, was wir nach uns auf der Erde hinterlassen. Diese simple Tatsache entzaubert die Bedeutung des Todes und führt zu einer wichtigen Frage: Ist es notwendig, dass wir dem Tod eine Bedeutung beimessen? Was kommen mag, das komme. Aber wir sind auf der Erde und bestens damit beraten, unser Tun nach unseren Glaubenssätzen fortzusetzen. Niemand kann dem Tod ausweichen. Wir lernen, ihn zu beeinflussen und das Leben durch einen gesunden Lebenswandel und die Medizin zu verlängern. Aber dass der Tod eintritt, ist gewiss. Dementsprechend darf es nicht unser Ziel sein, dem Tod nachzutrauern, nach Fegefeuern, transzendentalen Erklärungen oder sonstigen Phänomenen zu suchen. Vielmehr sollten wir dem einzigartigen und inspirierenden Leben, das vor dem Tode stand, Respekt zollen und diesem gedenken. Dieses Leben eines Nahestehenden hatte den Sinn, etwas zu bewegen und zu hinterlassen. Wenn es diesem Sinn nachgekommen ist – welcher Sinn es im Genaueren auch gewesen sein mag – dann spiegelt sich dies in den Taten, Worten und Gedanken der Hinterbliebenen wider. Und das – die Aktivität und das Weiterleben der Hinterbliebenen ohne Trauer, sondern mit der Freude, ein faszinierendes Leben begleitet zu haben – ist das größte Geschenk, das wir einem verstorbenen Menschen machen können!

Zusammenfassung: Leben Sie ein Leben mit neuen Bestimmungen und Erfahrungswerten!

Sie stehen vor einem Sprung, der Sie aus den Zweifeln befreit und Ihnen den Einstieg in ein neues Leben ermöglicht. Dieser Sprung führt über einen kleinen Abgrund. Dieser Abgrund ist nichts im Vergleich zu den Abgründen, die Sie im Rahmen des Trauerprozesses mit Hilfe der Erinnerungen an Ihre Eltern, der Mitmenschen und zahlreicher Aktivitäten überwunden haben. Sie wissen ganz genau, dass Sie diesen Sprung schaffen werden, aber eine gewisse Angst bleibt. Schütteln Sie diese unbegründete Angst ab, denn Sie haben nun alles, was Sie brauchen. Sie werden nie eine Person vergessen, die Ihnen wichtig war. Leben Sie Ihr Leben dank der neuen Erfahrungswerte und verleihen Sie diesem Leben die Bestimmung, die

Ihrer Persönlichkeit entspricht. Diese Persönlichkeit kann sich im Verlauf des Trauerprozesses minimal oder stark verändert haben. In jedem Fall aber dürfen Sie stolz auf sich sein! Blicken Sie im Rahmen der vielschichtigen Erfahrungen durch und fokussieren Sie das, was Sie inmitten des Trauerprozesses als das für Sie Wichtigste ausgemacht haben. Dann werden Sie Ihr Leben optimal definieren und die Ihnen gegebene Zeit am besten nutzen; und zwar mit den Menschen, die Sie lieben.

Schlusswort

Der Weg, zu trauern, wird von jeder Person individuell begangen. Aller Individualität zum Trotz sind die zu durchlaufenden Phasen im Rahmen des Trauerprozesses bei nahezu jedem Menschen gleich: Am Anfang steht die Lethargie und ein der Depression ähnlicher Zustand, gefangen zwischen der Leugnung des Todes und der Tatsache, dass noch vor kurzem alles anders war. Diese Phase werden Sie zulassen müssen. Sollten Sie die Gelegenheit haben, sich vor der Beerdigung ausgiebig um die verstorbene Person zu kümmern, ist empfohlen, diese Gelegenheit wahrzunehmen: Von der Waschung des Körpers über dessen Einkleidung und eventuelle Beigaben im Sarg bis hin zu der Beerdigung an sich. Diese Maßnahmen greifen dem Trauerprozess voraus und helfen Ihnen, die erste Phase der Leugnung schnell zu überwinden oder gar auszulassen. Tote Menschen strahlen eine Ruhe aus und die Tatsache, sich vor der Beerdigung um den toten Menschen liebevoll zu kümmern, verhilft zur Akzeptanz des Todes.

Kommt die zweite Phase der Trauer mit dem Ausbrechen der Emotionen, so beginnt der eigentliche Trauerprozess erst: Wut, Angst, Schuldgefühle, Scham, Traurigkeit, Sehnsucht, Einsamkeit und viele weitere Emotionen können ineinanderfließen und es Ihnen schwer machen, Fuß zu fassen in der Außenwelt. Aus diesem Grund ist es wichtig, dass Sie sich nach der Beerdigung nach Möglichkeit mehrere Tage bis zu zwei Wochen lang eine Auszeit nehmen; eine Auszeit vom bisherigen Alltag und allem voran von der Arbeit. Es ist unmenschlich und kontraproduktiv, „funktionieren" zu wollen und die Trauer zugunsten der Wiederaufnahme des Alltags zu verdrängen. Gewiss dürfen Sie ein bisschen arbeiten, wenn Sie merken, dass Ihnen dies guttut. Sie selbst fühlen und entscheiden, was das Beste für Sie ist. Aber nehmen Sie sich möglichst viel Zeit, um die Trauer und die Emotionen zuzulassen. Lassen Sie sich dabei insbesondere auf die Erinnerungen ein, die Sie überkommen und probieren Sie, diese Erinnerungen mit möglichst vielen Menschen auszutauschen, die ebenfalls Erinnerungen beisteuern können. Erinnerungen sind ein Schatz, der jede Person unsterblich macht. Ihre Eltern leben in Ihnen und in den vielen Personen, Ideen sowie Dingen, die sie hinterlassen haben, weiter. Erinnerungen werden anfangs immer schmerzhaft sein, doch mit der Zeit wird der Schmerz positiven Emotionen weichen: Der Freude, dem Stolz, der Anerkennung.

Nutzen Sie die Wege zur Trauerverarbeitung, die Sie kennengelernt haben, in einem Ihnen zusagenden und umsetzbaren Maße: Feiern Sie Erinnerungsfeiern. Bereiten Sie die Geschichte Ihrer Eltern auf. Suchen und finden Sie Natursymbole, die Sie Ihr Leben lang begleiten werden. Lassen Sie sich auf neue Blickwinkel ein. Erlauben Sie Büchern, Filmen und Liedern, Sie zu inspirieren. Beachten Sie dabei stets die Geschichten der anderen Menschen, die in diesem Buch vereinzelt eingebracht wurden. So merken Sie, dass Sie nicht allein sind, sondern das Ihnen ereilte Schicksal jedem Menschen einmal oder mehrmals im Leben widerfährt. Dies ist kein Trost, aber eine Tatsache, die zum Weitermachen animiert. Denn wenn andere weitermachen, dann können auch Sie weitermachen.

Sobald Sie bereit sind, werden Sie diese Erkenntnis machen und in ein neues Leben starten wollen. Schütteln Sie den Rest an Angst ab und beginnen Sie nach der erfolgreichen Trauerverarbeitung ein Leben zu leben, welches sich danach richtet, was Sie im Laufe des Trauerprozesses gelernt haben.

Sie werden die Ihnen geliebte Person immer im Andenken behalten. Andere Leute werden mit Ihnen auch in Jahren noch einzelner Ereignisse mit dem Verstorbenen gedenken – mal mit einem Lachen, mal mit einem Weinen. Denn so ist das Leben: Mal kommt es mit einem Lachen daher, mal mit einem Weinen. Mal hält es Gutes, mal hält es Schlechtes für Sie parat. Das Leben weht wie der Wind in alle Richtungen. Gewinnen Sie aus jeder Richtung das Beste und nutzen Sie die Zeit. Denn Sie wissen: Alles ist nur geliehen, dazu gehört ebenso die Zeit ...

Quellen

Literatur-Quellen:

Bessette, A.: *Weiß der Himmel von dir*. Frankfurt am Main: S. Fischer Verlag, 2012.

Bode, S.; Roth, D.: *Das letzte Hemd hat viele Farben – Für einen lebendigen Umgang mit dem Sterben*. Köln: Bastei Lübbe AG, 2018.

Kachler, R.: *Meine Trauer wird dich finden – Ein neuer Ansatz in der Trauerarbeit*. Freiburg im Breisgau: Herder Verlag GmbH, 2017.

Kast, V.: *Trauern – Phasen und Chancen des psychischen Prozesses*. Stuttgart: Kreuz, 1990.

LaCour, N.: *Ich werde immer da sein, wo du auch bist*. Frankfurt am Main: S. Fischer Verlag, 2017.

Roth, F.; Schwikart, G.: *Nimm den Tod persönlich – Praktische Anregungen für einen individuellen Abschied*. Gütersloh: Gütersloher Verlagshaus, 2009.

Wobmann, F.: *Am Meer dieses Licht*. Zürich: Limmat Verlag, 2018.

Online-Quellen:

https://www.deutschlandfunkkultur.de/das-geheimnis-der-erloesung-heisst-erinnerung.1124.de.html?dram:article_id=253970

https://www.sueddeutsche.de/leben/trauer-wie-die-fuenf-weltreligionen-mit-dem-tod-umgehen-1.2371181

https://www.youtube.com/watch?v=mCfVGIfMq4k

https://www.spektrum.de/news/koennen-tiere-trauern/1655642

https://zeitzuleben.de/gehirnforschung-trauer/

https://lexikon.stangl.eu/1194/psychosomatik/

https://www.welt.de/gesundheit/psychologie/article148571273/Wenn-dich-die-Trauer-um-den-Verstand-bringt.html

https://zeitzuleben.de/gehirnforschung-trauer/

https://www.therapie.de/psyche/info/ratgeber/lebenshilfe-artikel/trauer/artikel/

https://www.ncbi.nlm.nih.gov/pubmed?term=%28O%27Connor%20M%5BAuthor%5D%20OR%20O%27Connor%20M%5BInvestigator%5D%29%20AND%202008%5BPublication%20Date%5D%20NeuroImage

https://www.spektrum.de/magazin/stress-und-hormone/820829

https://www.traudichreisen.de/angebot/reisen/pilgern-auf-dem-jakobsweg/

http://www.lebenstaenzer.de/

http://www.helpster.de/kerzen-ballons-steigen-lassen-verboten_221668

https://www.youtube.com/watch?v=RtuWo8ZIgvg

https://www.youtube.com/watch?v=xSWJBClrmgo

https://www.youtube.com/watch?v=vyQf9nB4eYk

https://www.susannealbers.de/literatur/Epiktetstoische-Moral.pdf

https://www.vernuenftig-leben.de/wie-du-jeden-verlust-gelassen-ertraegst/

https://trauerdrucksachen.info/blog/der-tod-der-eltern-gefuehle-umgang-mit-der-trauer/

www.ingramcontent.com/pod-product-compliance
Lightning Source LLC
Chambersburg PA
CBHW071358080526
44587CB00017B/3117